용기를 내어 당신이 생각하는 대로 살아야 합니다.
그렇지 않으면 머지않아 당신은 사는 대로 생각하게 될 것입니다.
— 폴 부르제(프랑스의 시인, 철학자)

Il faut vivre comme on pense,
sans quoi l'on finira par penser comme on a vécu.
— *Paul Bourget*

**터닝포인트**는 삶에 긍정적 변화를 일으키는 좋은 책을 만들기 위해 최선을 다합니다.

Isabelle Kessedjian

# 프랑스에서 만난
# 코바늘 동물 인형

귀여운 12가지 동물 인형과 36가지 액세서리

이자벨 케세지앙 지음 | 배정은 옮김

Mes animaux au crochet by Isabelle Kessedjian
©Mango, Paris - 2014
All Rights Reserved.
Korean translation ©2014 by Turning point
Korean translation rights arranged with Fleurus Editions through Orange Agency

이 책의 한국어판 저작권은 오렌지에이전시를 통해 저작권사와 독점 계약한 터닝포인트에 있습니다.
저작권법에 의하여 한국 내에서 보호를 받는 저작물이므로 무단전재와 무단복제를 금합니다.

## 프랑스에서 만난
## 코바늘 동물 인형

2014년 12월 10일 초판 1쇄 발행
2019년 1월 10일 초판 2쇄 발행

| | |
|---|---|
| **지은이** | 이자벨 케세지앙 |
| **옮긴이** | 배정은 |
| **펴낸이** | 정상석 |
| **펴낸 곳** | 터닝포인트 |
| **등록번호** | 제2005-000285호 |
| **주소** | 서울시 마포구 동교로 27길 53 지남빌딩 308호 |
| **대표전화** | (02)332-7646 |
| **팩스** | (02)3142-7646 |
| **홈페이지** | www.diytp.com |
| **ISBN** | 978-89-94158-60-0 13630 |
| **정가** | 16,000원 |
| **기획·편집** | 문희언 |
| **그림도안** | 배정은 |
| **일러스트** | 홍수정 |
| **편집·표지 디자인** | 앤미디어 |

**내용 문의**   diamat@naver.com
터닝포인트는 삶에 긍정적 변화를 가져오는 좋은 원고를 환영합니다.

*Isabelle Kessedjian*

## 프랑스에서 만난
# 코바늘 동물 인형

# 목차 *Sommaire*

머리말　　　　　　　　　7
도안 보는 법　　　　　　8

 동물 인형　　16
*Mes animaux*

 숲으로 가는 길　　26
*En route pour la forêt*

 곰　　30
*L'ours*

 너구리　　42
*Le raton laveur*

 여우　　52
*Le renard*

 순록　　60
*Le caribou*

 늑대　　68
*Le loup*

 연인　　76
*Les amoureux*

코알라　　　　　80
*Le koala*

판다　　　　　86
*Le panda*

꼬마 돼지 세 마리　94
*Les trois petits cochons*

주방장　　　　　100
*Le chef*

정육점 주인　　　104
*Le boucher*

조리사　　　　　110
*Le commis*

가족의 역사　　　120
*Histoire de famille*

토끼와 아기 토끼　122
*La lapine et son bébé*

인형을 넣을 큰 배낭 142
*Un grand sac pour tout ranger*

이자벨의 조언　　　　　　　147

부록　　　　　　　　　　　148

감사의 말　　　　　　　　　156

# 머리말 *Intro*

이 책에 소개된 모든 작품은 저의 어린 시절 추억과 연결되어 있습니다. 동물을 사랑하는 마음, 외국에서 보낸 수많은 날들, 옥수수밭에서 숨바꼭질했던 아베롱에서의 어린 시절.

할머니 두 분이 저를 키우시면서 저에게 많은 것을 가르쳐주셨어요.
아르메니아 출신의 할머니는 바느질과 코바늘을 가르쳐주시면서 할머니만의 비결을 전수해주셨죠. 그 덕분에 천과 털실로 특별한 작품을 만들 수 있었지요.
아베롱 출신의 할머니와 같이 살면서 벽난로 옆에서 코바늘을 하며 오랜 시간을 보냈어요. 물론 할머니의 기술은 저와 달랐지만요. 할머니 덕분에 저를 둘러싸고 있는 세상으로부터 많은 영감을 받을 수 있다는 것을 조금씩 알게 되었지요!

숲으로 산책하러 갔던 날이 기억나요. 코바늘 도구를 챙겨서 갔었지요. 뜨개질을 시작하려던 순간 코바늘을 잘못 들고 왔다는 것을 알았어요. 코바늘을 찾으러 다시 집으로 돌아가기는 싫었어요. 더 좋은 생각이 났지요. 바로 직접 코바늘을 만드는 거예요! 휴대용 칼로 나뭇가지를 깎았어요. 섬세하게 나무를 다듬어 작은 코바늘을 만들어 처음으로 코바늘로 인형을 만들었어요……

이제 저는 두 아들의 엄마예요. 물론 이 책에 소개된 동물 인형은 코바늘을 사랑하는 여러분을 위해 만들었지만, 특히 여러분 곁에 있는 어린 딸과 아들을 기쁘게 해주려는 생각으로 만들었답니다. 내 손으로 인형을 만들고, 아이들이 그 인형을 가지고 놀며 웃고 상상하고 심지어 껴안고 잠들 거라는 생각은 저의 가슴을 벅차게 한답니다.

너무 젊은 나이에 저를 떠나셨지만 언제나 제 마음속에 계시는 어머니에게 이 책을 바칩니다.

엄마, 사랑해요. 그리고 이 책은 엄마를 위한 거예요.

# Explications

도안 보는법

# Points 기본 뜨기

### 사슬코로 시작코 만들기

❶ 코바늘로 실을 걸어 고리 매듭을 지은 후 실을 당겨 매듭을 조입니다. 실 끝은 넉넉히 남겨야 작품을 다 뜬 후 실 끝을 잘 숨길 수 있습니다.
❷ 바늘에 실을 1번 감아 고리 사이로 빼냅니다. 사슬뜨기 1코와 코바늘에 실 고리 1개를 만들었습니다.
❸ 바늘에 실을 감아 고리 사이로 빼냅니다. 코바늘 아래에 새로운 사슬코가 만들어졌습니다. 원하는 사슬뜨기 콧수가 나올 때까지 위의 과정을 반복합니다.

### 편물을 뜨는 도중 사슬코 만들기

위의 1~3번을 반복하여 만듭니다.

### 빼뜨기

바늘을 코에 넣습니다. 실을 1번 감아 바늘에 감긴 코와 바늘에 걸려있던 고리 사이로 한 번에 빼냅니다. 빼뜨기 1코가 만들어졌습니다.

### 짧은뜨기

❶ 바늘을 코에 넣습니다. 실을 1번 감아 코 사이로 빼냅니다. 코바늘에 실 고리가 2개 있습니다.
❷ 다시 실을 1번 감아 바늘에 걸린 2개의 고리 사이로 한 번에 빼냅니다. 짧은뜨기 1코가 만들어졌습니다.
주의 : 짧은뜨기로 단뜨기 또는 원형뜨기를 할 때는 사슬뜨기 1코를 기둥코로 시작합니다(나선형 작품 제외). 기둥코를 세워 뜨개지의 높이를 맞춥니다. 이 기둥코 1코는 '실제' 콧수로 세지 않습니다.

*원형뜨기와 나선형뜨기의 차이점 : 원형뜨기는 매 단을 시작할 때 기둥코를 세우고 단이 끝날 때 빼뜨기로 마무리하며 돌려 뜨는 것입니다. 나선형뜨기는 단의 시작과 끝에 표시가 나지 않도록 기둥코와 빼뜨기 없이 돌려 뜨는 것을 말합니다.

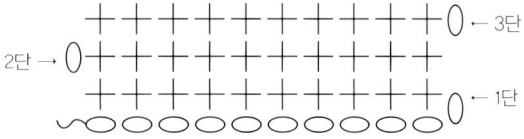

### 긴뜨기

❶ 바늘에 실을 1번 감아 코에 넣습니다. 바늘에 실을 1번 감아 코 사이로 빼냅니다. 코바늘에 실고리가 3개 있습니다.
❷ 다시 실을 1번 감아 바늘에 걸린 3개의 고리 사이로 한 번에 빼냅니다. 긴뜨기 1코가 만들어졌습니다. 코바늘에 실고리가 1개만 걸려있습니다.

주의 : 긴뜨기로 단뜨기 또는 원형뜨기를 할 때는 사슬뜨기 2코를 기둥코로 시작합니다(나선형 작품 제외). 이 기둥코 2코는 긴뜨기의 콧수로 셉니다. 다음 단에서 마지막 긴뜨기를 뜰 때는 이전 단 기둥코의 두 번째 사슬코에 바늘을 넣어 뜹니다.

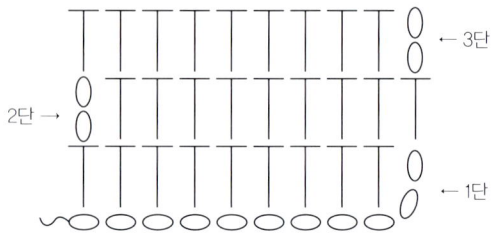

### 1길 긴뜨기

❶ 바늘에 실을 1번 감아 코에 넣습니다. 바늘에 실을 1번 감아 코 사이로 빼냅니다. 코바늘에 실고리가 3개 있습니다.
❷ 다시 실을 1번 감아 바늘에 걸린 처음 2개의 고리 사이로 빼냅니다. 코바늘에 실고리가 2개 남습니다.
❸ 다시 실을 1번 감아 바늘에 남아있는 2개의 고리 사이로 빼냅니다. 코바늘에 실 고리가 1개만 남습니다.

주의 : 1길 긴뜨기로 단뜨기 또는 원형뜨기를 할 때는 사슬뜨기 3코를 기둥코로 시작합니다(나선형 작품 제외). 이 기둥코 3코는 1길 긴뜨기의 콧수로 셉니다. 다음 단에서 마지막 1길 긴뜨기를 뜰 때는 이전 단 기둥코의 세 번째 사슬코에 바늘을 넣어 뜹니다.

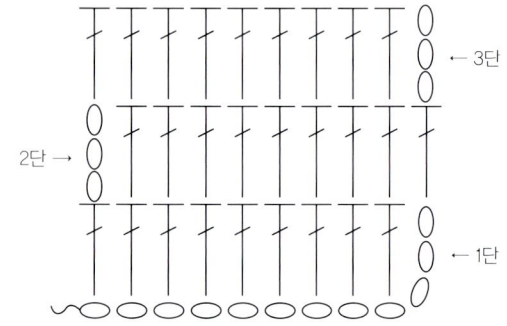

# Abréviations et symboles  프랑스 약어와 코바늘 기호

|  |  |
|---|---|
| ⊖ | 사슬뜨기 |
| ⦁ | 빼뜨기 |
| ✚ (✖) | 짧은뜨기 |
| ⇩ (⦶) | 짧은뜨기 1코 늘려뜨기 |
| ⇩ (⦶) | 짧은뜨기 2코 늘려뜨기 |
| ⋏ (⋏) | 짧은뜨기 2코 모아뜨기 |
| ± (✖) | 이랑뜨기 |
| T | 1길 긴뜨기 |
| ⪡ | 1길 긴뜨기 1코 늘려뜨기 |
| W | 1길 긴뜨기 2코 늘려뜨기 |
| A | 1길 긴뜨기 2코 모아뜨기 |
| Ŧ | 1길 긴뜨기 뒤걸어뜨기 |

같은 무늬가 한 단에서 여러 번 반복될 경우에는 괄호에 넣어 표시합니다. 이 경우 그 뒤에 적혀있는 숫자만큼 반복하면 됩니다.
㉠ (1코 짧은뜨기, 짧은뜨기 1코 늘려뜨기)×3, 총 9코
같은 무늬가 한 작품에 여러 단에 걸쳐 반복되는 경우에는 알아보기 쉽도록 { }으로 표시하였습니다.

### abréviations  프랑스 약어

|  |  |
|---|---|
| br. | 1길 긴뜨기 |
| cm | 센티미터 |
| demi-br. | 긴뜨기 |
| dern. | 마지막 |
| ens. | 한 번에 |
| env. | 안쪽 면 |
| m. | 코 |
| m. air | 사슬뜨기 |
| m.c. | 빼뜨기 |
| mm | 밀리미터 |
| m.s. | 짧은뜨기 |
| prem. | 첫 번째 |
| rép. | 반복 |
| rg(s) | 단 |
| suiv. | 다음 |

## Détails en laine cardée
### 양모펠트를 이용한 디테일

양모펠트는 양모를 세탁하고 빗은 후 실로 만들지 않은 상태로 솜털로 되어 있는 평평한 덩어리입니다. 펠트용 바늘은 길이가 긴 바늘이 손잡이에 고정되어 있습니다. 수공예용품점에 가면 바늘이 1개인 것부터 여러 개인 것까지 다양한 펠트용 바늘을 볼 수 있습니다. 니들펠트의 원리는 펠트용 바늘의 바늘 사이로 뜨개지와 펠트 섬유끼리 엉키면서 코바늘로 뜬 뜨개지에 양모펠트가 고정되는 것입니다.

### 뜨개지 위에서 직접 디테일을 만들며 고정하기

아직 작품에 솜을 채우기 전이라면 뜨개지 사이에 두꺼운 스펀지를 끼워 넣고 니들펠트를 해야 양모펠트가 뜨개지 뒷면까지 가는 것을 막을 수 있습니다. 양모펠트를 작은 덩어리로 잘라서 코바늘로 뜬 작품 위에 올려놓은 후, 펠트용 바늘로 일정한 강도로 여러 번 수직으로 내려찝니다. 양모펠트가 코바늘 뜨개지의 사이사이로 끼어들어 가서 펠트를 씌운 것 같은 효과가 납니다. 다시 작은 조각의 양모펠트로 니들펠트를 반복하여 원하는 모양을 양모펠트로 채웁니다. 특히 테두리에서는 펠트용 바늘로 더 많이 찔러야 테두리가 명확해집니다.

### 덩어리를 만든 후 뜨개지 위에 고정하기

손가락으로 양모펠트를 뭉쳐서 작은 뭉치를 만든 후 펠트용 바늘로 단단하게 만듭니다. 양모 뭉치에 펠트를 두르고 한 번 더 펠트용 바늘로 찌릅니다. 이와 같은 방식으로 원하는 크기의 뭉치가 될 때까지 반복합니다. 양모 뭉치를 뜨개지의 원하는 위치에 올려놓은 후, 양모가 뜨개지 사이사이로 끼어들어 갈 수 있도록 섬세하게 펠트용 바늘로 찌릅니다.

## Dimensions 크기

준비물에 적혀있는 실은 참고용입니다. 이 책에서는 베르제르 드 프랑스(Bergère de France)사의 실을 사용했습니다. 그러나 국내에서는 이 실을 구하기 어려우므로 국내에서 구입할 수 있는 대체 가능한 실을 부록(p.148~155)으로 함께 실었습니다.

자신의 취향과 계획에 맞춰 자유롭게 실의 질감과 색깔 또는 코바늘의 호수를 선택해도 됩니다. 같은 실로 한 겹 또는 두 겹으로 사용할 수도 있으며 코바늘의 호수도 얼마든지 바꿀 수 있습니다. 이것은 어떤 효과를 원하느냐에 달려 있습니다. 촘촘하게 또는 느슨하게, 부드럽게 또는 단단하게 등 자신의 취향대로 선택해서 사용하세요.

모두 같은 방식으로 뜨개질을 할 수는 없습니다. 어떤 사람은 매 코를 뜰 때마다 실을 단단하게 당기고, 어떤 사람은 손가락 사이에 실을 느슨하게 걸어 두며 뜨기도 합니다. 또한, 잡아당기는 힘도 그때그때 얼마든지 달라질 수 있습니다.

이 책에 소개한 작품들은 대부분 정확한 치수를 요구하지 않습니다. 그러므로 자신만의 새로운 아이디어와 창의력으로 매력을 마음껏 발휘해보세요.

# Techniques 코바늘 뜨개 기법

## 단뜨기

단뜨기는 항상 오른쪽에서 왼쪽으로 진행하며 각 단의 끝에서 편물을 돌립니다. 편물을 돌릴 때는 실이 마지막 코 주위에 감기지 않도록 주의하며 시계 반대 방향으로 돌립니다.

## 원형뜨기 또는 나선형뜨기

편물을 뒤로 돌리지 않고 중심 원(또는 고리 매듭)을 따라 뜨는 방식입니다. 방향은 항상 시계 반대 방향으로 진행합니다.

### 원형뜨기

각 단의 끝은 빼뜨기로 마무리합니다. 각 단의 시작은 사슬뜨기 1개 또는 여러 개로 기둥코를 만들고 시작하여 뜨개지의 높이를 맞춥니다. 기둥코는 단뜨기로 작업할 때와 같은 방법으로 작업합니다. (p.10 도안 참고)

### 나선형뜨기

각 단은 단을 마무리하지 않고 나선형으로 연결하여 뜹니다.

### 사슬뜨기로 원형코 만들기

❶ 사슬뜨기를 몇 번 해서 사슬코를 만듭니다.
❷ 첫 번째 사슬코에 빼뜨기를 하여 고리를 마무리합니다.

* 가운데 구멍 없이 꽉 조여지는 조각(머리, 발, 모자)을 뜰 때는 사슬코가 아니라 원형 고리에 바늘을 넣어서 첫 번째 단을 완성합니다.
* 가운데 구멍이 있는 원통형 모양의 조각(치마, 바지의 다리)을 뜰 때는 사슬코에 바늘을 넣어서 첫 번째 단을 완성합니다.

### 실 고리로 원형코 만들기

❶ 실 끝을 10cm 정도 남긴 채 실을 둥글게 감아 고리를 만든 후 코바늘을 고리 안에 넣어 실을 걸어 밖으로 빼냅니다.
❷ 고리에 바늘을 걸어서 첫 번째 단을 완성합니다.
❸ 실의 끝을 잡아당겨서 원형 고리를 원하는 크기로 오므립니다.

## 실 바꾸기

가능하면 단이 시작하는 부분에서 실을 바꾸는 것이 좋습니다. 사용하던 실은 적어도 10cm 정도 남기고 자릅니다. 단의 첫 번째 코에 새로운 실을 겁니다.

### 배색하기

#### –단뜨기와 나선형뜨기

마지막으로 바늘에 실을 감아 뺄 때 새로운 색상의 실로 걸어서 뺍니다.

#### –원형뜨기

단이 끝날 때 새로운 색상의 실로 걸어서 빼뜨기를 1코 뜹니다.

## 실 잇기

편물 조직에 새로운 실을 잇기 위해서는(가장자리 장식) 원하는 코(또는 단)에 바늘을 넣어서 실을 1번 감은 후 코 사이로 빼냅니다.

## 매듭 처리

실은 10cm 이상을 남기고 자릅니다. 고리 매듭을 단단히 잡아당기고 바늘을 빼냅니다.

## 코 늘리기

코 1개에 코를 여러 번 뜹니다.

## 코 줄이기

1코를 줄이기 위해서는 이어진 코 2개를 한 번에 모아 뜹니다. 여러 코를 줄일 때에도 같은 원리로 한 번에 모아 뜹니다.

### 짧은뜨기 2코 모아뜨기

❶ 바늘을 코에 넣습니다. 실을 1번 감아 코 사이로 빼냅니다.
❷ 바늘을 다음 코에 넣습니다. 실을 1번 감아 코 사이로 빼냅니다.
❸ 실을 1번 감아 바늘에 걸린 3개의 고리 사이로 한 번에 빼냅니다.

### 긴뜨기 2코 모아뜨기

❶ 바늘에 실을 1번 감아 코에 넣습니다. 실을 1번 감아 코 사이로 빼냅니다. 실을 1번 감아 바늘에 걸린 처음 2개의 고리 사이로 빼냅니다.
❷ 바늘에 실을 1번 감아 다음 코에 넣습니다. 실을 1번 감아 코 사이로 빼냅니다. 실을 1번 감아 바늘에 걸린 처음 2개의 고리 사이로 빼냅니다.
❸ 실을 1번 감아 바늘에 걸린 3개의 고리 사이로 빼냅니다.

### 1길 긴뜨기 2코 모아뜨기

❶ 바늘에 실을 1번 감아 코에 넣습니다. 실을 1번 감아 코 사이로 빼냅니다. 실을 1번 감아 바늘에 걸린 처음 2개의 고리 사이로 빼냅니다.
❷ 바늘에 실을 1번 감아 다음 코에 넣습니다. 실을 1번 감아 코 사이로 빼냅니다. 실을 1번 감아 바늘에 걸린 처음 2개의 고리 사이로 빼냅니다.
❸ 실을 1번 감아 바늘에 걸린 3개의 고리 사이로 빼냅니다.

### 이랑뜨기

모든 코의 윗부분은 수평한 2올로 이루어져 있습니다. 편물의 앞쪽에 1올, 뒤쪽에 1올. 아무런 부연 설명이 없을 때는 항상 2올의 아래로 한 번에 바늘을 찔러 넣습니다. 작품에 따라서 앞쪽 1올에만 바늘을 넣어 뜰 수도 있고(앞쪽 반 코에 이랑뜨기), 뒤쪽 1올에만 바늘을 넣어 뜰 수도(뒤쪽 반 코에 이랑뜨기) 있습니다. 책에 실린 작품과 같은 결과물을 얻으려면 이 점을 잘 기억하세요.

주의 : 앞쪽 반 코 또는 뒤쪽 반 코라고 말할 때의 '앞', '뒤'는 현재 진행하고 있는 방향에서의 앞, 뒤를 의미합니다. 작품의 앞면과 뒷면을 의미하는 것이 아닙니다.

### 편물의 앞면, 뒷면

코바늘로 만든 작품의 앞면과 뒷면은 약간 차이가 납니다. 마음에 드는 부분을 앞면(겉면)으로 사용합니다. 하지만 책에 실린 작품 같은 결과물을 얻기 위해서는 단뜨기로 만든 일부 작품에서 작품의 앞면(겉면)을 표시하는 경우도 있습니다.

### 기준점 표시하기

큰 작품을 만들 때는 콧수를 계속 세지 않도록 기준점을 잡는 것이 좋습니다. 특히 나선형으로 계속 이어서 뜰 때는 단이 시작되는 지점을 표시해야 합니다. 해당하는 단에 실 끄트머리를 걸쳐두면 됩니다. 아니면 플라스틱 마커를 사용해도 됩니다.

### 실 마무리하기

바늘구멍이 크고 끝이 둥근 바늘인 돗바늘을 사용합니다. 안쪽에서 1코씩 실을 통과시킵니다. 실이 바깥쪽으로 통과하지 않도록 주의하면서 바늘을 수평하게 눕혀 코의 아랫부분으로 통과시킵니다. 실을 가볍게 잡아당기면서 편물에 주름이 생기지 않도록 실을 짧게 자릅니다.

### 연결하기

일반적으로 편물을 연결할 때는 뜨개에 사용한 실과 돗바늘로 꿰맵니다. 꿰매기가 어려운 실(털이 많은 실)은 같은 색상의 얇은 털실이나 굵은 자수실을 사용합니다. 단추와 작은 세부 사항(목주름, 소매 단 등)은 일반 재봉실을 사용합니다.

# Mes animaux
동물 인형

# Élément de base 기본 요소

여기에서 설명하는 것은 여러 동물에서 반복적으로 사용한 기법입니다. 각각의 동물 재료, 색상, 디테일 또는 다른 특징을 주의 깊게 살펴 인형을 뜹니다.

## 머리 만들기

곰, 너구리, 코알라, 판다, 돼지 등의 머리

실로 원형 고리를 만듭니다. 나선형으로 돌리며 작업합니다.

| 단수 | 콧수 | 설명 |
|---|---|---|
| 1단 | 8코 | +×8<br>실로 고리를 만들어 짧은뜨기 8코 뜨기 |
| 2단 | 16코 | ⌄×8<br>(짧은뜨기 1코 늘려뜨기) 8번 뜨기 |
| 3단 | 24코 | (+×1, ⌄×1)×8<br>(짧은뜨기 1코, 짧은뜨기 1코 늘려뜨기 1코) 8번 뜨기 |
| 4단 | 32코 | (+×2, ⌄×1)×8<br>(짧은뜨기 2코, 짧은뜨기 1코 늘려뜨기 1코) 8번 뜨기 |
| 5단 | 40코 | (+×3, ⌄×1)×8<br>(짧은뜨기 3코, 짧은뜨기 1코 늘려뜨기 1코) 8번 뜨기 |
| 6단 | 48코 | (+×4, ⌄×1)×8<br>(짧은뜨기 4코, 짧은뜨기 1코 늘려뜨기 1코) 8번 뜨기 |
| 7~19단<br>(총 13단) | 48코 | {+×48}×13단<br>코늘림 없이 짧은뜨기 13단 뜨기 |
| 20단 | 40코 | (+×4, ⋏×1)×8<br>(짧은뜨기 4코, 짧은뜨기 2코 모아뜨기 1코) 8번 뜨기 |
| 21단 | 32코 | (+×3, ⋏×1)×8<br>(짧은뜨기 3코, 짧은뜨기 2코 모아뜨기 1코) 8번 뜨기 |
| 22단 | 24코 | (+×2, ⋏×1)×8, ●×1<br>① (짧은뜨기 2코, 짧은뜨기 2코 모아뜨기) 8번 뜨기<br>② 마지막에 빼뜨기 1코 후 실을 자르고 마무리하기 |

## 다리와 몸통 만들기

늑대와 아기 토끼를 제외한 다른 동물의 다리와 몸통

| 단수 | 콧수 | 설명 |
|---|---|---|
| 첫 번째 다리 | | |
| 실로 원형 고리를 만듭니다. 나선형으로 돌리며 작업합니다. | | |
| 1단 | 12코 | +×12<br>실로 고리를 만들어 짧은뜨기 12코 뜨기 |
| 2단~<br>30단<br>(총 29단) | 12코 | {+×12}×29단, ●×1<br>① 코늘림 없이 짧은뜨기 29단 뜨기<br>② 마지막에 빼뜨기 1코 후 실을 자르고 마무리하기 |
| 두 번째 다리 | | |
| 첫 번째 다리와 같은 방법으로 30단까지 뜨고 마지막에 실을 자르지 않습니다. | | |
| 몸통 | | |
| 두 번째 다리에서 실을 끊지 않고 연결해서 나선형으로 돌려 뜹니다. | | |
| 31단 | 32코 | ① ⬭×4, +×12, ⬭×4, +×12<br>사슬뜨기 4코, 첫 번째 다리에 짧은뜨기 12코, 사슬뜨기 4코, 두 번째 다리에 짧은뜨기 12코<br>② 다리에 구름솜 채우기 |
| 32단 | 32코 | +×32<br>사슬코에 바늘 넣어 짧은뜨기 4코, 첫 번째 다리에 짧은뜨기 12코, 사슬코에 바늘 넣어 짧은뜨기 4코, 두 번째 다리에 짧은뜨기 12코 |
| 33단~<br>48단<br>(총 16단) | 32코 | ① 계속 나선형으로 돌려가며 작업하기<br>② {+×32}×16단<br>코늘림 없이 짧은뜨기 16단 뜨기 |
| 49단 | 30코 | +×9, ⋏×1, +×14, ⋏×1, +×5<br>짧은뜨기 9코, 짧은뜨기 2코 모아뜨기, 짧은뜨기 14코, 짧은뜨기 2코 모아뜨기, 짧은뜨기 5코 |
| 50단 | 28코 | +×9, ⋏×1, +×12, ⋏×1, +×5<br>짧은뜨기 9코, 짧은뜨기 2코 모아뜨기, 짧은뜨기 12코, 짧은뜨기 2코 모아뜨기, 짧은뜨기 5코 |
| 51단 | 26코 | +×8, ⋏×1, +×12, ⋏×1, +×4<br>짧은뜨기 8코, 짧은뜨기 2코 모아뜨기, 짧은뜨기 12코, 짧은뜨기 2코 모아뜨기, 짧은뜨기 4코 |
| 52단 | | +×8, ⋏×1, +×10, ⋏×1, +×4, ●×1<br>① 짧은뜨기 8코, 짧은뜨기 2코 모아뜨기, 짧은뜨기 10코, 짧은뜨기 2코 모아뜨기, 짧은뜨기 4코<br>② 마지막에 빼뜨기 1코 후 실을 자르고 마무리하기 |

## 팔 만들기

아기 토끼를 제외한 다른 동물 팔

실로 원형 고리를 만듭니다. 나선형으로 돌리며 작업합니다. 다음처럼 팔을 2개 만듭니다.

| 단수 | 콧수 | 설명 |
|---|---|---|
| 1단 | 10코 | ╋×10<br>실로 고리를 만들어 짧은뜨기 10코 뜨기 |
| 2단~<br>30단<br>(총 29단) | 10코 | ① {╋×10}×29단, ●×1<br>코늘림 없이 짧은뜨기 29단 뜨기<br>② 마지막에서 빼뜨기 1코 후 실을 자르고 마무리하기 |

## 연결하기

늑대를 제외한 다른 동물

❶ 남은 실은 안쪽으로 넣어 정리합니다.

❷ 각 작품의 설명에 따라 머리에 눈을 고정합니다.

❸ 머리에 솜을 채웁니다.

❹ 감침질 4땀으로 다리 사이의 구멍을 막습니다.

❺ 몸통에 솜을 채워 넣고 몸통 윗부분에 머리를 연결합니다. 이때 1코씩 꿰맵니다.

❻ 팔에 솜을 채워 넣고 몸통에 붙이며 머리 바로 아랫부분에 답니다.

❼ 동물마다 특징적인 부분을 덧붙입니다. (꼬리, 주둥이, 귀, 뿔 등)

❽ p.15의 〈연결하기와 마무리〉를 참고합니다.

## 안전상 주의 사항

아주 어린 아이를 위해 동물 인형을 만든다면 몇 가지 주의할 점이 있습니다.

❶ 코바늘 실은 매끈한 것을 사용해야 합니다. 솜털이 있는 실은 사용하면 안 됩니다.

❷ 인형 안을 채울 구름솜은 어린이 장난감을 위해 제작된 질 좋은 솜을 사용합니다.

❸ 플라스틱 눈이 아닌 자수실로 눈을 표현해야 합니다. 끝자락 실들은 인형 안쪽으로 세심하게 넣으세요. 진주 구슬, 구슬 등 관리하기 힘든 장식은 하지 않는 것이 좋습니다.

## 심지 넣기

장식용으로 동물 인형을 만든다면 인형에 심지를 넣어 관절 인형으로 만들 수도 있습니다.

❶ 심지는 지름 3mm 굵기의 알루미늄 와이어를 사용합니다. 비즈 공예에 사용하는 공구로 작업합니다. 니퍼로 와이어를 자르고 평집게로 와이어의 모양을 만듭니다.

❷ 40cm 와이어 2개, 25cm 와이어 2개를 준비합니다. 준비한 와이어의 한쪽 끝은 작은 고리 모양으로 둥글게 맙니다.

❸ 몸통을 1단 뜬 후 긴 와이어를 다리에 1개씩 넣습니다. 이때 고리 모양으로 말린 끝이 아래로 가도록 넣습니다.

❹ 계속해서 몸통을 나선형으로 돌려 뜹니다. 몸통의 마지막 단인 목에서 긴 와이어 2개의 끝을 서로 꼬아줍니다.

❺ 몸통에 솜을 넣을 때는 와이어가 중앙에 있도록 솜을 앞뒤로 잘 분배하여 넣습니다. 와이어의 끝은 머리로 향하게 합니다.

❻ 남아있는 와이어는 둥글게 말린 고리 부분이 아래로 가도록 팔에 넣습니다. 팔에 솜을 넣을 때도 와이어가 중앙에 있도록 솜을 잘 분배합니다. 철사의 끝은 몸통을 사선으로 관통하여 머리로 향하게 합니다.

## 신발 만들기

이 책에서 소개한 신발 대부분은 아래에 소개한 세 가지 방법으로 만들었습니다. 각각의 동물의 설명을 참고하여 인형을 만드세요.

## 기본 단화(×2)

사슬뜨기 8코를 뜬 후 1단~5단까지 단뜨기로 뜨다가 6단부터 나선형뜨기로 돌려 뜹니다.

| 단수 | 콧수 | 설명 |
| --- | --- | --- |
| 1단~5단<br>(총 5단) | 8코 | {◯×1, ✚×8}×5단<br>{사슬뜨기(기둥코) 1코, 짧은뜨기 8코 뜨고 편물을 뒤로 돌리기} 5단 뜨기 |
| 6단 | 22코 | ✚×4, 1코 건너기, ✚×7, ✚×4, 1코 건너기, ✚×7<br>계속해서 편물을 옆면으로 돌려서 짧은뜨기 4코, 시작단인 사슬코 쪽으로 편물을 돌려서 첫코는 뜨지 않고 짧은뜨기 7코, 옆면으로 편물을 돌려서 짧은뜨기 4코, 5번째 단 쪽으로 편물을 돌려서 첫코는 뜨지 않고 짧은뜨기 7코 |
| 7단 | 22코 | ✚×22<br>뒤쪽 반 코에 바늘 걸어 이랑뜨기 22코 |
| 8단 | 19코 | ⚛×2, ✚×17<br>(짧은뜨기 2코 모아뜨기) 2번, 짧은뜨기 17코, (마지막에 1코가 남음) |
| 9단 | 18코 | ⚛×2, ✚×15<br>(짧은뜨기 2코 모아뜨기) 2번, 짧은뜨기 16코 |
| 10단 | 16코 | ⚛×2, ✚×14, ⬬×1<br>① (짧은뜨기 2코 모아뜨기) 2번, 짧은뜨기 14코<br>② 마지막에 빼뜨기 1코 후 실을 자르고 마무리하기 |

## 발목까지 오는 구두(×2)

10단까지는 기본 단화와 같은 방법으로 뜹니다.
편물을 돌려 단뜨기로 이어 뜹니다.

| 단수 | 콧수 | 설명 |
| --- | --- | --- |
| 11~14단<br>(총 4단) | 16코 | {◯×1, ✚×16}×4단<br>① {사슬뜨기(기둥코) 1코, 짧은뜨기 16코 뜨고 편물을 뒤로 돌리기} 4단 뜨기<br>② 실을 자르고 마무리하기 |

## 부츠(×2)

10단까지는 기본 단화와 같은 방법으로 뜹니다.
계속 나선형으로 이어 뜹니다.

| 단수 | 콧수 | 설명 |
| --- | --- | --- |
| 11~17단<br>(총 7단) | 16코 | {✚×16}×7단, ⬬×1<br>① 코늘림 없이 짧은뜨기 7단 뜨기<br>② 마지막에서 빼뜨기 1코 후 실을 자르고 마무리하기 |

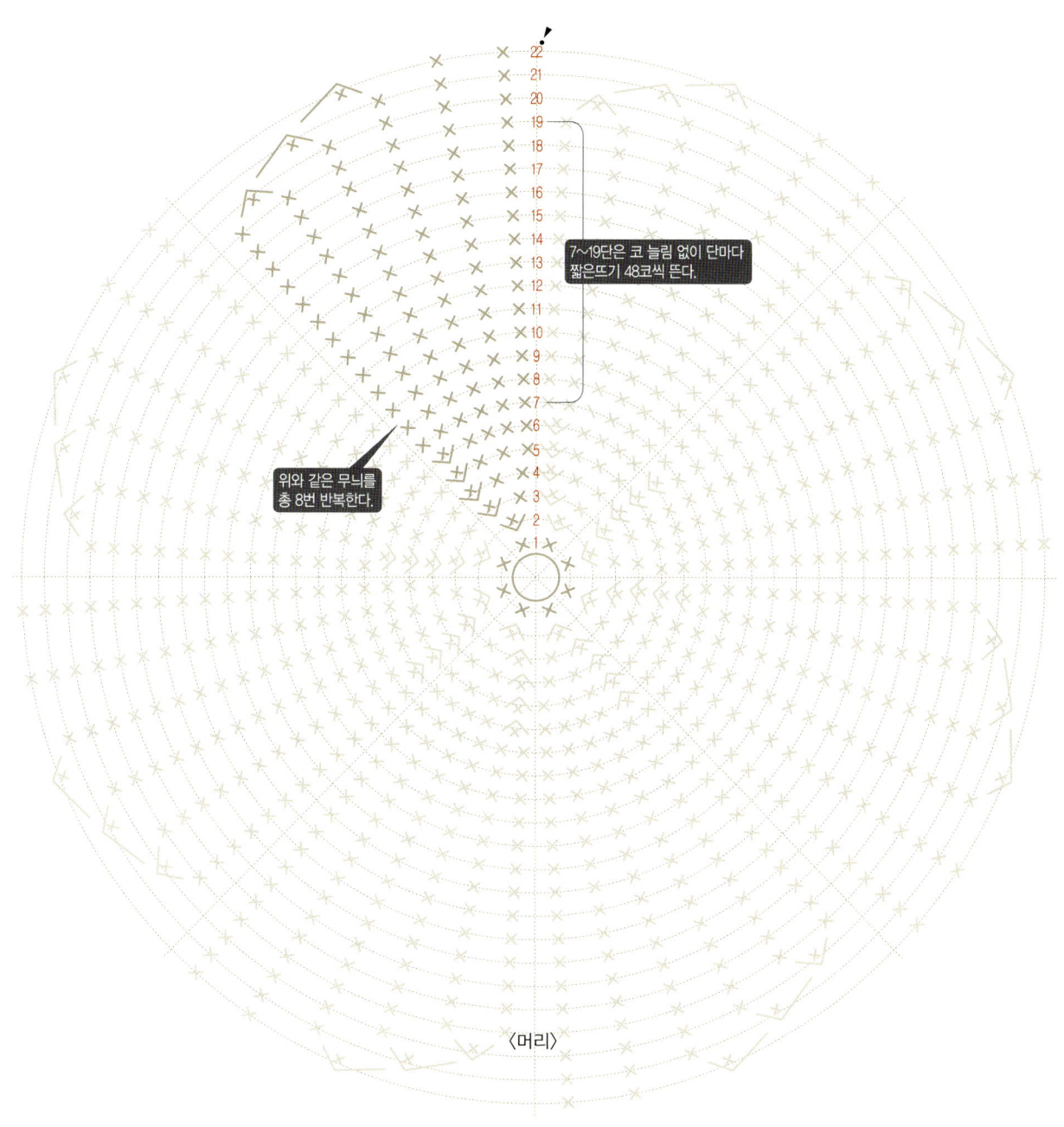

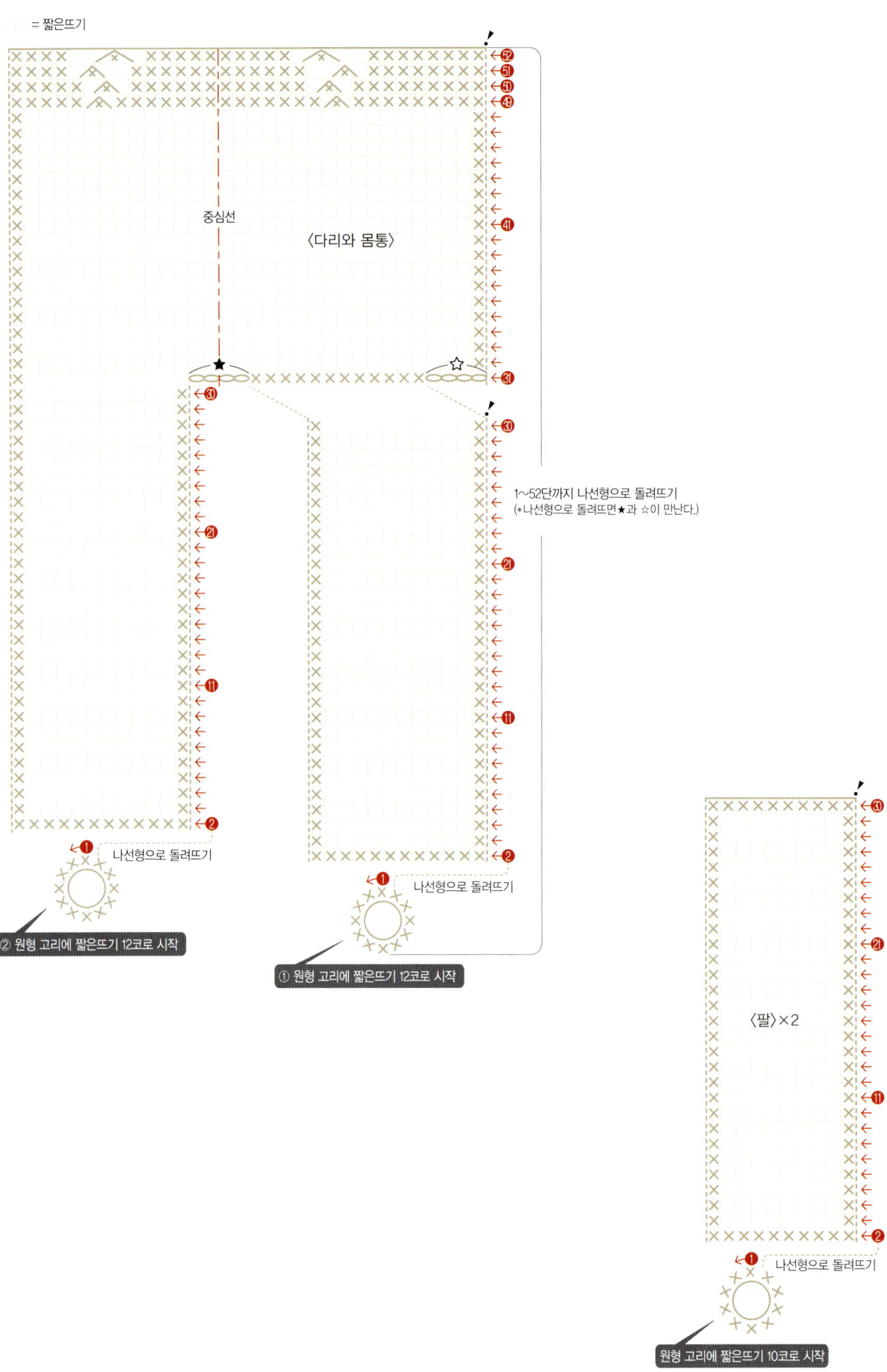

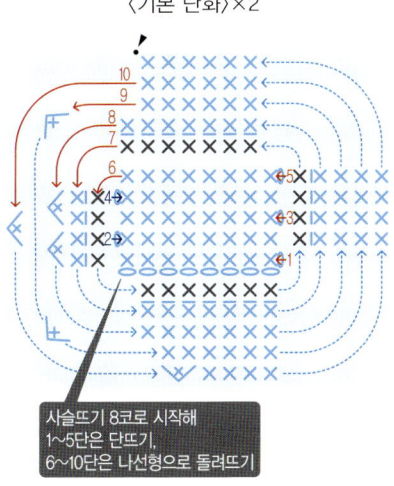

〈기본 단화〉×2

사슬뜨기 8코로 시작해
1~5단은 단뜨기,
6~10단은 나선형으로 돌려뜨기

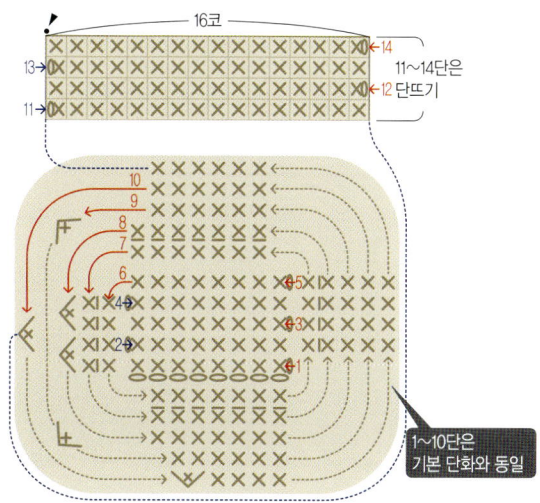

〈발목까지 오는 구두〉×2

11~14단은 단뜨기

1~10단은 기본 단화와 동일

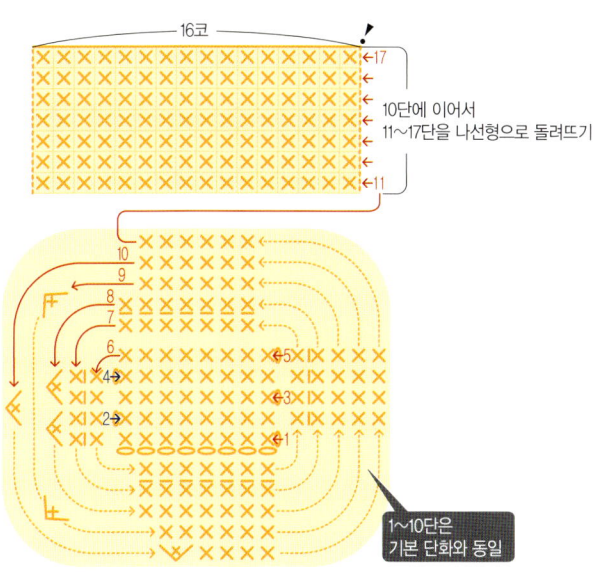

〈부츠〉×2

10단에 이어서
11~17단을 나선형으로 돌려뜨기

1~10단은 기본 단화와 동일

# En route pour la forêt

숲으로 가는 길

## La promenade
산책

## Mes jolis souliers
나의 예쁜 구두

*Oh les belles fleurs !*
오! 예쁜 꽃들!

*Entre amis*
친구끼리

*Petite pause*
휴식

*Jamais sans mon bonnet !*
내 모자 없으면 절대로 안돼!

*Au coin du feu*
모닥불 옆에서

*Mon petit sac à dos*
나의 작은 배낭

## L'ours 곰

### 곰 준비물

- 실 : 양모 40%, 아크릴 40%, 모헤어 20%로 구성된 코바늘 4.0mm(7호)에 적당한 굵기의 실. 베이지색 2볼
- 검은색 양모펠트
- 인형 눈 : 지름 1cm의 검은색 나사 눈 2개
- 장난감용 구름솜
- 코바늘 3.0mm(5호)
- 가위, 돗바늘, 펠트용 바늘

### 머리, 다리, 몸통, 팔 만들기

p.20~21의 설명처럼 뜹니다.

### 주둥이 만들기

실로 원형 고리를 만듭니다. 나선형으로 돌리며 작업합니다.

| 단수 | 콧수 | 설명 |
|---|---|---|
| 1단 | 8코 | ➕×8<br>실로 고리를 만들어 짧은뜨기 8코 뜨기 |
| 2단 | 16코 | ⬇×8<br>(짧은뜨기 1코 늘려뜨기) 8번 뜨기 |
| 3단 | 24코 | (➕×1, ⬇×1)×8<br>(짧은뜨기 1코, 짧은뜨기 1코 늘려뜨기)<br>8번 뜨기 |
| 4단 | 32코 | (➕×2, ⬇×1)×8<br>(짧은뜨기 2코, 짧은뜨기 1코 늘려뜨기)<br>8번 뜨기 |
| 5~8단<br>(총 4단) | 32코 | {➕×32}×4단, ●×1<br>① 코늘림 없이 짧은뜨기 4단 뜨기<br>② 마지막에서 빼뜨기 1코 후 실을 자르고 마무리하기 |

### 귀 만들기(×2)

실로 원형 고리를 만듭니다. 나선형으로 돌리며 작업합니다.

| 단수 | 콧수 | 설명 |
|---|---|---|
| 1단 | 8코 | ➕×8<br>실로 고리를 만들어 짧은뜨기 8코 뜨기 |
| 2단 | 16코 | ⬇×8<br>(짧은뜨기 1코 늘려뜨기) 8번 뜨기 |
| 3~8단<br>(총 6단) | 16코 | {➕×16}×6단, ●×1<br>① 짧은뜨기 16코하여 6단 돌려뜨기<br>② 마지막에서 빼뜨기 1코 후 실을 자르고 마무리하기 |

### 연결하기

p.21에서 설명한 방법처럼 연결합니다.

❶ 눈은 머리의 11번째 단에 고정하며 눈과 눈 사이를 12코 띄웁니다.

❷ 주둥이에 솜을 채우고 눈 아래쪽에 답니다.

❸ 양모펠트와 펠트용 바늘로 주둥이 끝에 타원형으로 코 모양을 만든 후 세로로 한 줄을 만듭니다. (p.12 참고)

❹ 귀의 아랫부분을 약간 접은 채로 머리 위에 귀를 답니다.

### 산책용 의상 준비물

- 실 : 아크릴 100%로 구성된 코바늘 3.5mm(6호)에 적당한 굵기의 실. 연두색 실(실 A) 1볼, 초록색 실(실 B) 1볼, 갈색 실(실 C) 1볼, 베이지색 실(실 D) 1볼
- 지름 1cm의 스냅단추 2개
- 부드러운 가죽 끈(또는 비닐이나 펠트지) : 1cm×55cm
- 폼폼 방울을 만들 두꺼운 종이 약간
- 코바늘 3.0mm(5호)
- 돗바늘, 바느질 도구, 재봉실

## 상의 만들기

연두색 실(실 A)로 사슬뜨기 40코를 뜬 후 단뜨기로 이어 뜹니다.

### ❶ 아래판

| 단수 | 콧수 | 색상 | 설명 |
|---|---|---|---|
| 1단~12단 (총 12단) (1단이 겉면) | 40코 | 연두색 | ⬭×1, ✚×40}×12단<br>{사슬뜨기(기둥코) 1코, 짧은뜨기 40코} 12단 뜨기 |
| 13단 | 40코 | 초록색 | ⬭×1, ✚×40<br>사슬뜨기(기둥코) 1코, 짧은뜨기 40코 |
| 14~15단 (총 2단) | 40코 | 연두색 | {⬭×1, ✚×40}×2단<br>{사슬뜨기(기둥코) 1코, 짧은뜨기 40코} 2단 뜨기 |
| 16단 | 40코 | 초록색 | ⬭×1, ✚×40<br>사슬뜨기(기둥코) 1코, 짧은뜨기 40코 |

### ❷ 왼쪽 뒤판

| 단수 | 콧수 | 색상 | 설명 |
|---|---|---|---|
| 17~24단 (총 8단) | 9코 | 연두색 | {⬭×1, ✚×9}×8단<br>① {사슬뜨기(기둥코) 1코, 짧은뜨기 9코 뜨고 편물을 뒤로 돌리기} 8단 뜨기<br>② 실을 자르고 마무리하기 |

### ❸ 앞판

겉면에서 16번째 단의 11번째 코에 연두색 실을 걸고 단뜨기로 뜹니다.

| 단수 | 콧수 | 색상 | 설명 |
|---|---|---|---|
| 17단 | 20코 | 연두색 | ⬭×1, ✚×20<br>사슬뜨기(기둥코) 1코, 실을 건 코에 바늘 넣어 짧은뜨기 1코, 이어서 짧은뜨기 19코 뜨고 편물을 뒤로 돌리기 |
| 18~24단 (총 7단) | 20코 | 연두색 | {⬭×1, ✚×20}×7단<br>① {사슬뜨기(기둥코) 1코, 짧은뜨기 20코 뜨고 편물을 뒤로 돌리기} 7단 뜨기<br>② 실을 자르고 마무리하기 |

### ❹ 오른쪽 뒤판

겉면에서 16번째 단의 32번째 코에 연두색 실을 걸고 단뜨기로 뜹니다.

| 단수 | 콧수 | 색상 | 설명 |
|---|---|---|---|
| 17단 | 9코 | 연두색 | ⬭×1, ✚×9<br>사슬뜨기(기둥코) 1코, 실을 건 코에 바늘 넣어 짧은뜨기 1코, 이어서 짧은뜨기 8코 뜨고 편물을 뒤로 돌리기 |
| 18~24단 (총 7단) | 9코 | 연두색 | {⬭×1, ✚×9}×7단<br>① {사슬뜨기(기둥코) 1코, 짧은뜨기 9코 뜨고 편물을 뒤로 돌리기} 7단 뜨기<br>② 실을 자르고 마무리하기 |

### ❺ 터틀 칼라

겉면에서 왼쪽 뒤판의 첫 번째 코에 초록색 실을 걸고 단뜨기로 뜹니다.

| 단수 | 콧수 | 색상 | 설명 |
|---|---|---|---|
| 25단 | 40코 | 초록색 | ⬭×1, ✚×9, ⬭×1, ✚×20, ⬭×1, ✚×9<br>사슬뜨기(기둥코) 1코, 왼쪽 뒤판에 짧은뜨기 9코, 사슬뜨기 1코, 앞판에 짧은뜨기 20코, 사슬뜨기 1코, 오른쪽 뒤판에 짧은뜨기 9코 |
| 26~40단 (총 15단) | 40코 | 초록색 | {⬭×1, ✚×40}×15단<br>① {사슬뜨기(기둥코) 1코, 짧은뜨기 40코 뜨고 편물을 뒤로 돌리기} 15단 뜨기<br>② 실을 자르고 마무리하기 |

### ❻ 왼쪽 소매

겉면에서 왼쪽 진동 둘레의 아랫부분에 남아있는 짧은뜨기 1코에 연두색 실을 걸고, 진동 둘레에서 나선형으로 돌려가며 뜹니다.

| 단수 | 콧수 | 색상 | 설명 |
|---|---|---|---|
| 1단 | 18코 | 연두색 | ⬭×1, ✚×18<br>사슬뜨기(기둥코) 1코, 실을 건 코에 바늘 넣어 짧은뜨기 1코, 이어서 앞판의 옆선에 짧은뜨기 8코, 진동의 윗부분에 남아있는 사슬코에 바늘 넣어 짧은뜨기 1코, 왼쪽 뒤판의 옆선에 짧은뜨기 8코 |
| 2~22단 (총 21단) | 18코 | 연두색 | {✚×18}×21단<br>코늘림 없이 짧은뜨기하여 21단 돌려뜨기 |
| 23단 | 19코 | 초록색 | ① 편물을 뒤로 돌려(소매 끝단을 접었을 때 초록색의 겉면이 밖으로 오게), 초록색 실로 이어 뜨기<br>② ⬇×1, ✚×18<br>짧은뜨기 1코 늘려뜨기, 짧은뜨기 18코 뜨기 |
| 24~30단 (총 7단) | 19코 | 초록색 | {✚×19}×7단, ⬬×1<br>① 짧은뜨기 19코하여 7단 돌려뜨기<br>② 마지막에서 빼뜨기 1코 후 실을 자르고 마무리하기 |

### ❼ 오른쪽 소매

왼쪽 소매와 같은 방법으로 뜹니다. (1단에서는 오른쪽 뒤판의 옆선에 짧은뜨기 한 후, 앞판의 옆선으로 진행합니다.)

## 마무리하기

❶ 남은 실은 안쪽으로 넣어 정리합니다.

❷ 뒤판 4번째 단과 13번째 단에 스냅단추를 답니다.

❸ 터틀 칼라는 삼등분하여 접습니다.

❹ 접힌 칼라의 끝에서는 초록색 실로 세 겹에 한 번에 바늘 찔러 통과시킨 후, 실의 양쪽 끝을 묶습니다. 반대쪽 칼라의 끝도 같은 방법으로 합니다. 칼라를 잠글 때는 칼라 양쪽 끝에 달린 초록색 실로 리본으로 묶습니다.

❺ 소매 단을 접습니다.

## 반바지 만들기

| 단수 | 콧수 | 설명 |
|---|---|---|
| \multicolumn{3}{|c|}{**첫 번째 다리**} |
| \multicolumn{3}{|l|}{초록색 실(실 B)로 사슬뜨기 20코를 뜬 후, 첫코에 빼뜨기하여 원형 고리를 만듭니다. 나선형으로 돌리며 작업합니다.} |
| 1단 | 20코 | ◯×1, ✚×20<br>사슬뜨기(기둥코) 1코, 짧은뜨기 20코 |
| 2단~<br>10단<br>(총 9단) | 20코 | {✚×20}×9단, ⬬×1<br>① 코늘림 없이 짧은뜨기 9단 뜨기<br>② 마지막에 빼뜨기 1코 후, 실 자르고 마무리하기 |
| \multicolumn{3}{|c|}{**두 번째 다리**} |
| \multicolumn{3}{|l|}{1단부터 10단까지 반복하여 다리를 하나 더 만들고, 두 번째 다리는 끝에서 실을 자르지 않습니다.} |
| \multicolumn{3}{|c|}{**바지 윗부분**} |
| \multicolumn{3}{|l|}{두 번째 다리에서 연결해서 나선형으로 돌려 뜹니다.} |
| 11단 | 44코 | ◯×2, ✚×20, ◯×2, ✚×20<br>두 번째 다리의 끝에서 사슬뜨기 2코, 첫 번째 다리에 짧은뜨기 20코, 사슬뜨기 2코, 두 번째 다리에 짧은뜨기 20코 |
| 12단 | 44코 | ✚×44<br>사슬코에 바늘 넣어 짧은뜨기 2코, 첫 번째 다리에 짧은뜨기 20코, 사슬코에 바늘 넣어 짧은뜨기 2코, 두 번째 다리에 짧은뜨기 20코 |
| 13~<br>28단<br>(총 16단) | 44코 | {✚×44}×16단<br>코늘림 없이 짧은뜨기 16단 돌려뜨기 |
| \multicolumn{3}{|l|}{28단까지 뜬 후, 짧은뜨기 1코만 더 떠서 뒤 중심에 이르면 편물을 뒤로 돌려 단뜨기로 진행합니다.} |
| 29~<br>34단<br>(총 6단) | 44코 | {◯×1, ✚×44}×6단<br>{사슬뜨기(기둥코) 1코, 짧은뜨기 44코} 6단 뜨기 |
| 35단 | 44코 | ◯×3(=Ŧ×1), Ŧ×43<br>① 사슬뜨기 3코(=1길 긴뜨기 1코), 1길 긴뜨기 43코 뜨기<br>② 실을 자르고 마무리하기 |

### 마무리하기

❶ 남은 실은 안쪽으로 넣어 정리합니다.

❷ 감침질 2땀으로 다리 사이의 구멍을 막습니다.

❸ 초록색 실로 사슬뜨기 70코를 뜬 후 양쪽 끝의 실을 정리합니다. 이 끈을 바지 마지막 단의 1길 긴뜨기 코 사이사이로 통과시킵니다.

❹ 바지의 밑단을 5단 접습니다.

## 모자 만들기

연두색 실(실 A)로 원형 고리를 만듭니다. 나선형으로 돌리며 작업합니다.

| 단수 | 콧수 | 설명 |
|---|---|---|
| 1단 | 8코 | ✚×8<br>실로 고리를 만들어 짧은뜨기 8코 뜨기 |
| 2단 | 16코 | ⬇×8<br>(짧은뜨기 1코 늘려뜨기) 8번 뜨기 |
| 3단 | 24코 | (✚×1, ⬇×1)×8<br>(짧은뜨기 1코, 짧은뜨기 1코 늘려뜨기) 8번 뜨기 |
| 4단 | 32코 | (✚×2, ⬇×1)×8<br>(짧은뜨기 2코, 짧은뜨기 1코 늘려뜨기) 8번 뜨기 |
| 5단 | 40코 | (✚×3, ⬇×1)×8<br>(짧은뜨기 3코, 짧은뜨기 1코 늘려뜨기) 8번 뜨기 |
| 6단 | 48코 | (✚×4, ⬇×1)×8<br>(짧은뜨기 4코, 짧은뜨기 1코 늘려뜨기) 8번 뜨기 |
| 7단 | 52코 | (◯×6, 6코 건너기, ✚×5코, ⬇×1, ✚×6코, ⬇×1, ✚×5코)×2<br>(사슬뜨기 6코, 6코 건너서, 짧은뜨기 5코, 짧은뜨기 1코 늘려뜨기, 짧은뜨기 6코, 짧은뜨기 1코 늘려뜨기, 짧은뜨기 5코) 2번 뜨기 |
| 8단 | 52코 | ✚×52<br>모든 짧은뜨기와 사슬뜨기마다 짧은뜨기 1코씩 뜨기 |
| 9~17단<br>(총 9단) | 52코 | {✚×52}×9단<br>코늘림 없이 짧은뜨기 9단 뜨기 |
| 18단 | 52코 | ⬬×1, ◯×3(=Ŧ×1), Ŧ×51, ⬬×1<br>① 빼뜨기 1코, 사슬뜨기 3코(=1길 긴뜨기 1코), 1길 긴뜨기 51코, 단의 처음 기둥코의 세 번째 사슬코에 빼뜨기 1코<br>② 실을 자르고 마무리하기 |

### 마무리하기

❶ 남은 실은 안쪽으로 넣어 정리합니다.

❷ 초록색 실로 지름 4cm의 퐁퐁 방울을 만들어 모자 끝에 답니다.

❸ 1길 긴뜨기로 뜬 단을 위로 접어 올립니다.

### 발목까지 오는 구두 만들기

갈색 실(실 C)로 p.22의 설명처럼 뜹니다.

## 배낭 만들기

베이지색 실(실 D)로 뜹니다.

| 단수 | 콧수 | 설명 |
|---|---|---|
| ❶ 가방 바닥 | | |
| 사슬뜨기 15코로 시작하여 단뜨기로 뜹니다. | | |
| 1~7단<br>(총 7단)<br>(1단이 겉면) | 15코 | {⊖×1, ✚×15}×7단<br>{사슬뜨기(기둥코) 1코, 짧은뜨기 15코}<br>7단 뜨기 |
| ❷ 가방 옆면 | | |
| 계속해서 나선형으로 돌려 뜹니다. | | |
| 1단 | 42코 | ⊖×1, ✚×42<br>사슬뜨기(기둥코) 1코, 편물을 옆면으로 돌려서 짧은뜨기 6코, 시작단인 사슬코 쪽으로 편물을 돌려서 짧은뜨기 15코, 옆면으로 편물을 돌려서 짧은뜨기 6코, 7번째 단 쪽으로 편물을 돌려서 짧은뜨기 15코 |
| 2단 | 42코 | ±×42<br>뒤쪽 반 코에 바늘 걸어 이랑뜨기 42코 |
| 3~20단<br>(총 18단) | 42코 | {✚×42}×18단<br>코늘림 없이 짧은뜨기 18단 뜨기 |
| ❸ 가방 뚜껑 | | |
| 편물을 뒤로 돌려 단뜨기로 뜹니다. | | |
| 1~8단<br>(총 8단) | 15코 | {⊖×1, ✚×15}×8단<br>{사슬뜨기(기둥코) 1코, 짧은뜨기 15코 뜨고 편물을 뒤로 돌리기} 8단 뜨기 |
| 9단 | 14코 | ⊖×1, ⬥×1, ✚×13<br>사슬뜨기(기둥코) 1코, 짧은뜨기 2코 모아뜨기, 짧은뜨기 13코 |
| 10단 | 13코 | ⊖×1, ⬥×1, ✚×12<br>사슬뜨기(기둥코) 1코, 짧은뜨기 2코 모아뜨기, 짧은뜨기 12코 |
| 11단 | 12코 | ⊖×1, ⬥×1, ✚×11<br>사슬뜨기(기둥코) 1코, 짧은뜨기 2코 모아뜨기, 짧은뜨기 11코 |
| 12단 | 11코 | ⊖×1, ⬥×1, ✚×10<br>사슬뜨기(기둥코) 1코, 짧은뜨기 2코 모아뜨기, 짧은뜨기 10코 |
| 13단 | 10코 | ⊖×1, ⬥×1, ✚×9<br>사슬뜨기(기둥코) 1코, 짧은뜨기 2코 모아뜨기, 짧은뜨기 9코 |
| 14단 | 9코 | ⊖×1, ⬥×1, ✚×8<br>① 사슬뜨기(기둥코) 1코, 짧은뜨기 2코 모아뜨기, 짧은뜨기 8코<br>② 실을 자르고 마무리하기 |

## 주머니 만들기(×2)

사슬뜨기 10코로 시작하여 단뜨기로 뜹니다.

| 단수 | 콧수 | 설명 |
|---|---|---|
| 1~12단<br>(총 12단) | 10코 | {⊖×1, ✚×10}×12단<br>① {사슬뜨기(기둥코) 1코, 짧은뜨기 15코} 12단 뜨기<br>② 실을 자르고 마무리하기 |

## 마무리하기

❶ 남은 실은 안쪽으로 넣어 정리합니다.

❷ 가방 옆면에 주머니를 답니다. 이때 주머니의 첫 번째 단이 가방 옆면의 2번째 단에 나란히 오도록 놓고 주머니 위쪽이 살짝 볼록하도록 기울여서 답니다.

❸ 갈색 실을 70cm 길이로 2개 잘라서 반으로 접습니다. 하나는 가방 뚜껑의 오른쪽 아래에 고정하고 가방 옆면의 마지막 단(20번째 단)의 코 사이사이를 통과시켜서 가방 앞면의 정중앙에서 밖으로 빼놓습니다. 두 번째 실도 가방 뚜껑의 왼쪽에서 같은 방법으로 작업하여 가방 앞면의 정중앙에서 밖으로 빼놓습니다.

❹ 가죽끈을 25cm 길이로 자릅니다. 가죽끈의 한쪽 끝을 가방 뚜껑의 첫 번째 단 가운데 코로 통과시킨 후 반으로 접어 손바느질로 고정합니다. 가죽끈의 양쪽 끝은 주머니 아랫부분에 각각 답니다.

❺ 남은 가죽끈을 조금 잘라서 한쪽 끝을 뾰족하게 자릅니다. 가죽 끈의 반대쪽 끝을 가방 뚜껑의 12번째 단 중앙에 크로스스티치로 고정합니다.

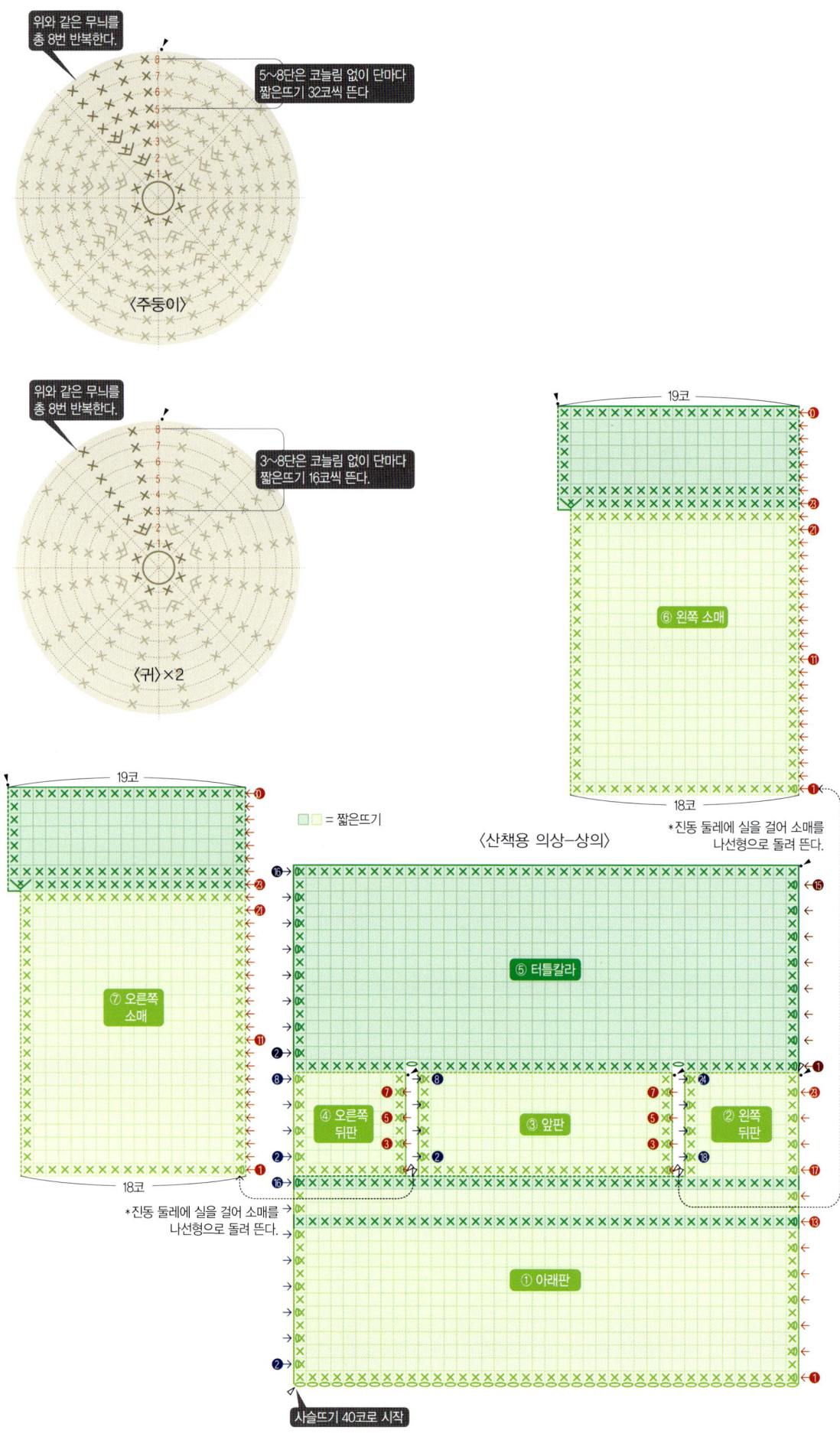

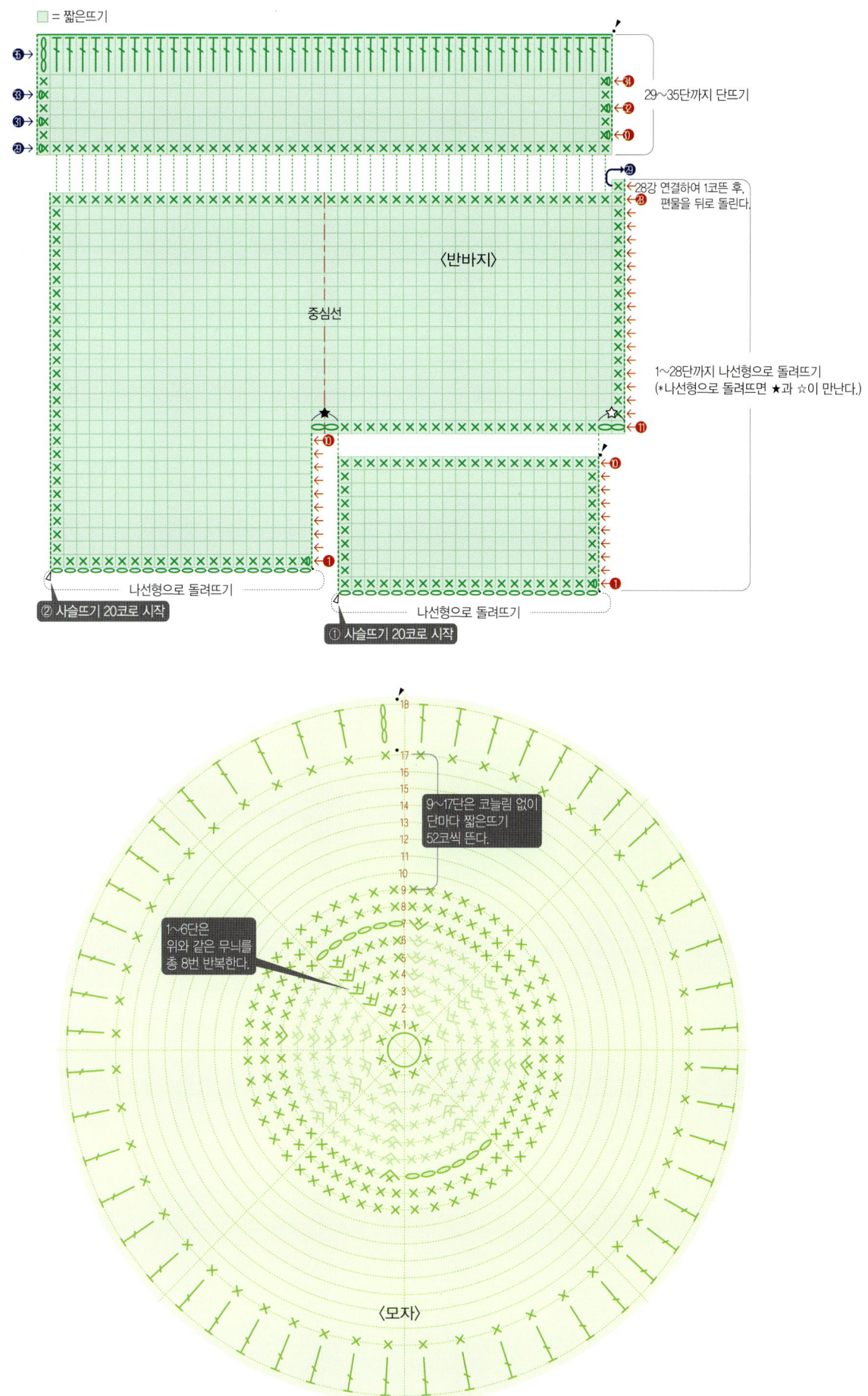

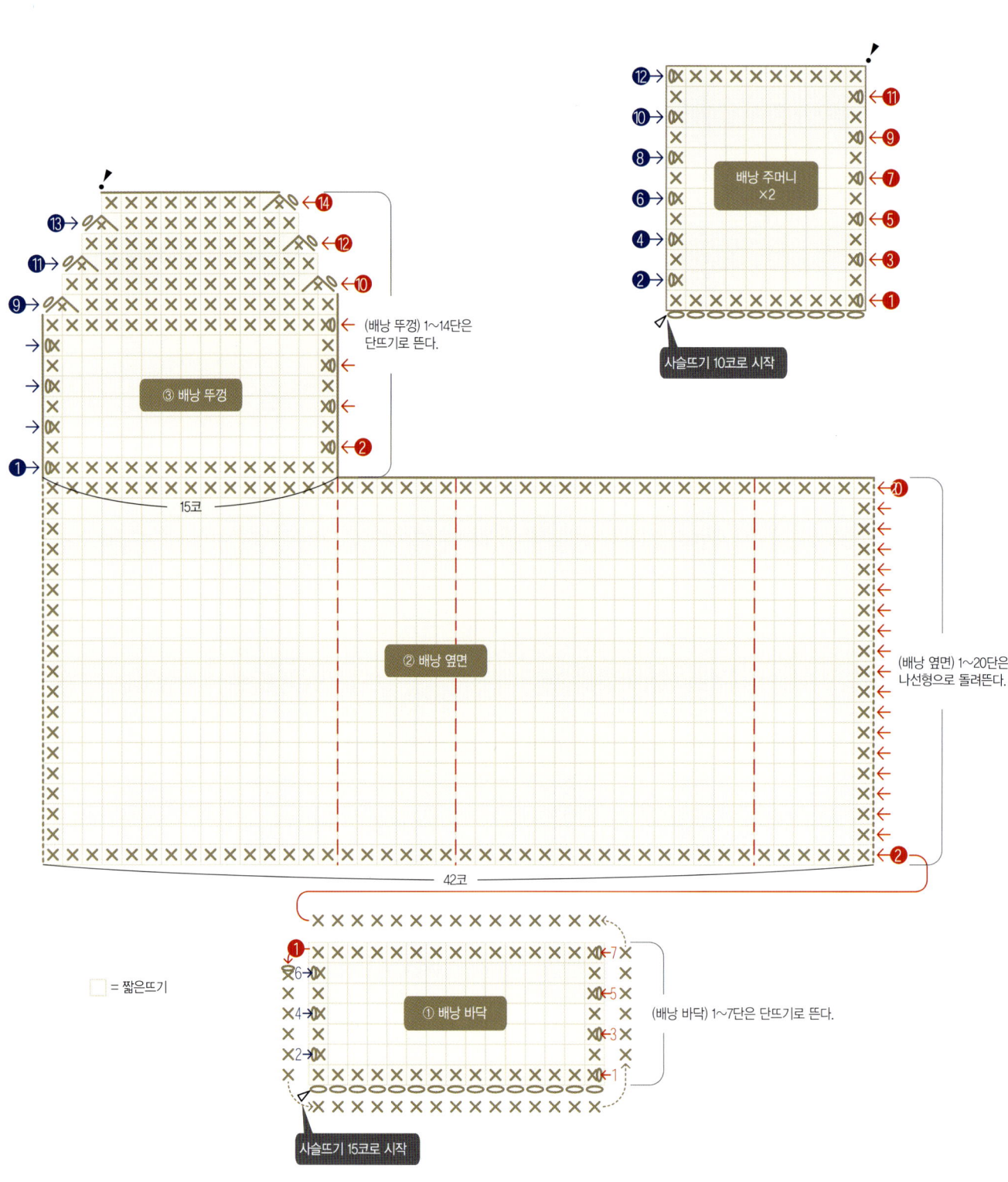

# Note

# Le raton laveur
너구리

42

*Escalade dans les arbres*
나무 올라타기

*Regard espiègle*
장난기 어린 시선

## La récolte
수확

## Séchage express !
급속 건조!

# Le raton laveur  너구리

## 너구리 준비물

- 실 : 아크릴 100%로 구성된 코바늘 3.5mm(6호)에 알맞은 굵기의 실. 연회색 실(실 A) 1볼, 검은색 실(실 B) 1볼, 흰색 실(실 C) 1볼
- 양모펠트 : 검은색
- 인형 눈 : 지름 1.5cm의 검은 눈동자 나사 눈 2개
- 장난감용 구름솜
- 코바늘 3.0mm(5호)
- 가위, 돗바늘, 펠트용 바늘

## 머리, 다리, 몸통, 팔 만들기

연회색 실(실 C)로 p.20~21의 설명처럼 뜹니다.

## 꼬리 만들기

검은색 실(실 B)로 원형 고리를 만듭니다. 나선형으로 돌리며 작업합니다.

| 단수 | 콧수 | 색상 | 설명 |
|---|---|---|---|
| 1단 | 6코 | 검은색 | +×6<br>실로 고리를 만들어 짧은뜨기 6코 뜨기 |
| 2단 | 8코 | | (+×2, ✦×1)×2<br>(짧은뜨기 2코, 짧은뜨기 1코 늘려 뜨기) 2번 뜨기 |
| 3단 | 10코 | | (+×3, ✦×1)×2<br>(짧은뜨기 3코, 짧은뜨기 1코 늘려 뜨기) 2번 뜨기 |
| 4단 | 12코 | | (+×4, ✦×1)×2<br>(짧은뜨기 4코, 짧은뜨기 1코 늘려 뜨기) 2번 뜨기 |
| 5단 | 14코 | 검은색 | (+×5, ✦×1)×2<br>(짧은뜨기 5코, 짧은뜨기 1코 늘려 뜨기) 2번 뜨기 |
| 6단 | 16코 | | (+×6, ✦×1)×2<br>(짧은뜨기 6코, 짧은뜨기 1코 늘려 뜨기) 2번 뜨기 |
| 7단 | 18코 | | (+×7, ✦×1)×2<br>(짧은뜨기 7코, 짧은뜨기 1코 늘려 뜨기) 2번 뜨기 |
| 8단 | 20코 | | (+×8, ✦×1)×2<br>(짧은뜨기 8코, 짧은뜨기 1코 늘려 뜨기) 2번 뜨기 |
| 9단 | 22코 | 연회색 | (+×9, ✦×1)×2<br>(짧은뜨기 9코, 짧은뜨기 1코 늘려 뜨기) 2번 뜨기 |
| 10단 | 24코 | | (+×10, ✦×1)×2<br>(짧은뜨기 10코, 짧은뜨기 1코 늘려 뜨기) 2번 뜨기 |
| 11단 | 26코 | 검은색 | (+×11, ✦×1)×2<br>(짧은뜨기 11코, 짧은뜨기 1코 늘려 뜨기) 2번 뜨기 |
| 12~13단 (총 2단) | 26코 | | {+×26}×2단<br>코늘림 없이 짧은뜨기 2단 뜨기 |
| 14~16단 (총 3단) | 26코 | 연회색 | {+×26}×3단<br>코늘림 없이 짧은뜨기 3단 뜨기 |
| 17~19단 (총 3단) | 26코 | 검은색 | {+×26}×3단<br>코늘림 없이 짧은뜨기 3단 뜨기 |
| 20단 | 25코 | | ✧×1, +×24<br>짧은뜨기 2코 모아뜨기, 짧은뜨기 24코 |
| 21단 | 24코 | 연회색 | ✧×1, +×23<br>짧은뜨기 2코 모아뜨기, 짧은뜨기 23코 |
| 22단 | 23코 | | ✧×1, +×22<br>짧은뜨기 2코 모아뜨기, 짧은뜨기 22코 |
| 23~25단 (총 3단) | 22~20코 | 검은색 | {✧×1, +×남은 코}×3단<br>짧은뜨기 2코 모아뜨기, 남은 코 모두 짧은뜨기 |
| 26~28단 (총 3단) | 19~17코 | 연회색 | {✧×1, +×남은 코}×3단<br>짧은뜨기 2코 모아뜨기, 남은 코 모두 짧은뜨기 |
| 29~31단 (총 3단) | 16~14코 | 검은색 | {✧×1, +×남은 코}×3단<br>짧은뜨기 2코 모아뜨기, 남은 코 모두 짧은뜨기 |
| | | 솜을 채워 넣습니다. | |
| 32~37단 (총 6단) | 13~8코 | 검은색 | {✧×1, +×남은 코}×6단<br>짧은뜨기 2코 모아뜨기, 남은 코 모두 짧은뜨기 |

| 단수 | 콧수 | | |
|---|---|---|---|
| 38단 | 7코 | 연회색 | ⊕×1, +×6<br>짧은뜨기 2코 모아뜨기, 짧은뜨기 6코 |
| 39~40단<br>(총 2단) | 7코 | | {+×7}×2단, ●×1<br>① 코늘림 없이 짧은뜨기 2단 뜨기<br>② 마지막에 빼뜨기 1코 후 실을 자르고 마무리하기 |

## 주둥이 만들기

흰색 실(실 C)로 원형 고리를 만듭니다. 나선형으로 돌리며 작업합니다.

| 단수 | 콧수 | 설명 |
|---|---|---|
| 1단 | 8코 | +×8<br>실로 고리를 만들어 짧은뜨기 8코 뜨기 |
| 2단 | 16코 | ⊽×8<br>(짧은뜨기 1코 늘려뜨기) 8번 뜨기 |
| 3단 | 18코 | (+×7, ⊽×1)×2<br>(짧은뜨기 7코, 짧은뜨기 1코 늘려뜨기)<br>2번 뜨기 |
| 4~6단<br>(총 3단) | 18코 | {+×18}×3단, ●×1<br>① 코늘림 없이 짧은뜨기 3단 뜨기<br>② 마지막에 빼뜨기 1코 후 실을 자르고 마무리하기 |

## 귀 만들기(×2)

❶ 연회색 실(실 A)로 원형 고리를 만듭니다. 나선형으로 돌리며 작업합니다.

| 단수 | 콧수 | 설명 |
|---|---|---|
| 1단 | 6코 | +×6<br>실로 고리를 만들어 짧은뜨기 6코 뜨기 |
| 2단 | 8코 | (+×2, ⊽×1)×2<br>(짧은뜨기 2코, 짧은뜨기 1코 늘려뜨기)<br>2번 뜨기 |
| 3단 | 10코 | (+×3, ⊽×1)×2<br>(짧은뜨기 3코, 짧은뜨기 1코 늘려뜨기)<br>2번 뜨기 |
| 4단 | 12코 | (+×4, ⊽×1)×2<br>(짧은뜨기 4코, 짧은뜨기 1코 늘려뜨기)<br>2번 뜨기 |
| 5단 | 14코 | (+×5, ⊽×1)×2<br>(짧은뜨기 5코, 짧은뜨기 1코 늘려뜨기)<br>2번 뜨기 |
| 6단 | 16코 | (+×6, ⊽×1)×2<br>(짧은뜨기 6코, 짧은뜨기 1코 늘려뜨기)<br>2번 뜨기 |
| 7단 | 18코 | (+×7, ⊽×1)×2<br>(짧은뜨기 7코, 짧은뜨기 1코 늘려뜨기)<br>2번 뜨기 |
| 8~9단<br>(총 2단) | 18코 | {+×18}×2단<br>코늘림 없이 짧은뜨기 2단 뜨기 |

❷ 코바늘로 실을 당겨 길게 빼놓아 마지막 단이 풀리지 않게 합니다.

❸ 펠트용 바늘과 양모펠트를 사용하여 귀의 한쪽 면을 정면으로 정하고 검은색 모양을 만듭니다. (p.12 참고)

❹ 2번에서 남겨두었던 마지막 코를 가지고 다시 이어 뜹니다. 귀를 납작하게 눌러 마지막 단에서 두 겹에 한 번에 바늘 넣어 빼뜨기로 1단(=빼뜨기 9코) 뜹니다.

❺ 실을 자르고 마무리합니다.

## 연결하기

p.21에서 설명한 방법처럼 연결합니다.

❶ 눈을 고정하기 전에 머리 둘레에 맞는 양모펠트와 펠트용 바늘로 마스크를 만듭니다. 마스크는 앞면에서는 10~16번째 단에, 뒷면에서는 조금 더 얇게 만듭니다. (p.12 참고)

❷ 마스크에 눈을 고정합니다. 이때 눈과 눈 사이를 14코 띄웁니다.

❸ 주둥이에 솜을 채우고 마스크 아래쪽에 답니다.

❹ 양모펠트로 주둥이의 가운데에 타원형의 작은 코와 세로선을 만듭니다.

❺ 머리 위쪽에 귀를 답니다.

❻ 다리 가랑이에서 뒤판으로 4단 위쪽에 꼬리를 답니다.

### 줄무늬 의상 준비물

- 실 : 아크릴 60%, 모 20%, 폴리아마이드 20%로 구성된 코바늘 3.0mm(5호)에 알맞은 굵기의 실. 연회색 실 1볼 (실 A)
- 실 : 아크릴 100%로 구성된 코바늘 3.5mm(6호)에 알맞은 굵기의 실. 진회색 실 1볼(실 B), 빨간색 실 1볼(실 C)
- 지름 1cm의 스냅단추 3개
- 코바늘 3.0mm(5호)
- 돗바늘, 바느질 도구, 재봉실

## 우주복 만들기

| 단수 | 콧수 | 색상 | 설명 |
|---|---|---|---|
| ❶ 첫 번째 다리 ||||

진회색 실(실 B)로 사슬뜨기 18코를 뜬 후 첫코에 빼뜨기하여 원형 고리를 만듭니다. 나선형으로 돌리며 작업합니다.

| 단수 | 콧수 | 색상 | 설명 |
|---|---|---|---|
| 1단 | 18코 | 진회색 | ⬭×1, ✚×18<br>사슬뜨기(기둥코) 1코, 짧은뜨기 18코 |
| 2~23단<br>(총 22단) | 18코 | 연회색 2단,<br>진회색 2단을<br>교차<br>반복 | {✚×18}×22단, ⬬×1<br>① 짧은뜨기 18코하여 2단씩 실 색상을 바꿔가며 22단을 뜨기. 마지막에 연회색 2단으로 끝남.<br>② 마지막에 빼뜨기 1코 후, 실을 자르고 마무리하기 |
| ❷ 두 번째 다리 ||||

첫 번째 다리와 같은 방법으로 23단까지 뜨고 마지막에 실을 자르지 않습니다.

| 단수 | 콧수 | 색상 | 설명 |
|---|---|---|---|
| ❸ 몸판 ||||

두 번째 다리에서 연결해서 나선형으로 돌려 뜹니다.

| 단수 | 콧수 | 색상 | 설명 |
|---|---|---|---|
| 24단 | 44코 | 진회색 | ⬭×4, ✚×18, ⬭×4, ✚×18<br>사슬뜨기 4코, 첫 번째 다리에 짧은뜨기 18코, 사슬뜨기 4코, 두 번째 다리에 짧은뜨기 18코 |
| 25단 | 44코 | 진회색 | ✚×44<br>사슬코에 바늘 넣어 짧은뜨기 4코, 첫 번째 다리에 짧은뜨기 18코, 사슬코에 바늘 넣어 짧은뜨기 4코, 두 번째 다리에 짧은뜨기 18코 |
| 26~27단<br>(총 2단) | 44코 | 연회색 | {✚×44}×2단<br>코늘림 없이 짧은뜨기 2단 뜨기 |
| 28단 | 44코 | 진회색 | ✚×44<br>짧은뜨기 44코 |

28단까지 뜬 후 진회색 실로 짧은뜨기 2코만 더 떠서 뒤 중심에 이르면 편물을 뒤로 돌려 단뜨기로 진행합니다.

| 단수 | 콧수 | 색상 | 설명 |
|---|---|---|---|
| 29단<br>(안쪽 면) | 44코 | 진회색 | ⬭×1, ✚×44<br>사슬뜨기(기둥코) 1코, 짧은뜨기 44코 뜨고 편물을 뒤로 돌리기 |
| 30~31단<br>(총 2단) | 44코 | 연회색 | {⬭×1, ✚×44}×2단<br>{사슬뜨기(기둥코) 1코, 짧은뜨기 44코 뜨고 편물을 뒤로 돌리기}<br>2단 뜨기 |
| 32~33단<br>(총 2단) | 44코 | 진회색 | {⬭×1, ✚×44}×2단<br>{사슬뜨기(기둥코) 1코, 짧은뜨기 44코 뜨고 편물을 뒤로 돌리기}<br>2단 뜨기 |
| 34단~47단<br>(총 14단) | 44코 | 연회색과 진회색을 교차반복 | {⬭×1, ✚×44}×14단<br>{사슬뜨기(기둥코) 1코, 짧은뜨기 44코 뜨고 편물을 뒤로 돌리기}<br>연회색 2단, 진회색 2단을 교차 반복하다가 연회색 2단으로 끝남 |
| ❹ 왼쪽 뒤판 ||||
| 48~49단<br>(총 2단) | 10코 | 진회색 | {⬭×1, ✚×10}×2단<br>{사슬뜨기(기둥코) 1코, 짧은뜨기 10코 뜨고 편물을 뒤로 돌리기}<br>2단 뜨기 |
| 50~51단<br>(총 2단) | 10코 | 연회색 | {⬭×1, ✚×10}×2단<br>{사슬뜨기(기둥코) 1코, 짧은뜨기 10코 뜨고 편물을 뒤로 돌리기}<br>2단 뜨기 |
| 52~53단<br>(총 2단) | 10코 | 진회색 | {⬭×1, ✚×10}×2단<br>① {사슬뜨기(기둥코) 1코, 짧은뜨기 10코 뜨고 편물을 뒤로 돌리기}<br>2단 뜨기<br>② 실을 자르고 마무리하기 |
| ❺ 앞판 ||||

겉면에서 47번째 단의 13번째 코에 진회색 실을 걸고 단뜨기로 진행합니다.

| 단수 | 콧수 | 색상 | 설명 |
|---|---|---|---|
| 48단 | 20코 | 진회색 | ⬭×1, ✚×20<br>사슬뜨기(기둥코) 1코, 실을 건 코에 바늘 넣어 짧은뜨기 1코, 짧은뜨기 19코 뜨고 편물을 뒤로 돌리기 |
| 49단 | 20코 | 진회색 | ⬭×1, ✚×20<br>사슬뜨기(기둥코) 1코, 짧은뜨기 20코 |
| 50~51단<br>(총 2단) | 20코 | 연회색 | {⬭×1, ✚×20}×2단<br>{사슬뜨기(기둥코) 1코, 짧은뜨기 20코} 2단 뜨기 |
| 52~53단<br>(총 2단) | 20코 | 진회색 | {⬭×1, ✚×20}×2단<br>① {사슬뜨기(기둥코) 1코, 짧은뜨기 20코} 2단 뜨기<br>② 실을 자르고 마무리하기 |
| ❻ 오른쪽 뒤판 ||||

겉면에서 47번째 단의 35번째 코에 진회색 실을 걸고 단뜨기로 뜹니다.

| 단수 | 콧수 | 색상 | 설명 |
|---|---|---|---|
| 48단 | 10코 | 진회색 | ⬭×1, ✚×10<br>사슬뜨기(기둥코) 1코, 실을 건 코에 바늘 넣어 짧은뜨기 1코, 짧은뜨기 9코 뜨고 편물을 뒤로 돌리기 |
| 49단 | 10코 | 진회색 | ⬭×1, ✚×10<br>사슬뜨기(기둥코) 1코, 짧은뜨기 10코 |
| 50~51단<br>(총 2단) | 10코 | 연회색 | {⬭×1, ✚×10}×2단<br>{사슬뜨기(기둥코) 1코, 짧은뜨기 10코 뜨고 편물을 뒤로 돌리기}<br>2단 뜨기 |

| 단 | 콧수 | 색 | 설명 |
|---|---|---|---|
| 52~53단<br>(총 2단) | 10코 | 진회색 | ① {◯×1, ✚×10}×2단<br>{사슬뜨기(기둥코) 1코, 짧은뜨기 10코 뜨고 편물을 뒤로 돌리기} 2단 뜨기<br>② 실을 자르고 마무리하기 |

### ❼ 목둘레

겉면에서 왼쪽 뒤판 53번째 단의 첫 번째 코에 연회색 실을 겁니다.

| 단 | 콧수 | 색 | 설명 |
|---|---|---|---|
| 54단 | 40코 | 연회색 | ◯×1, ✚×40<br>① 사슬뜨기(기둥코) 1코, 왼쪽 뒤판에 짧은뜨기 10코, 앞판에 짧은뜨기 20코, 오른쪽 뒤판에 짧은뜨기 10코<br>② 실을 자르고 마무리하기 |

### ❽ 왼쪽 소매

겉면에서 왼쪽 진동 둘레의 아랫부분에 남아있는 짧은뜨기 1코에 진회색 실을 걸고 진동 둘레에서 나선형으로 돌려가며 뜹니다.

| 단 | 콧수 | 색 | 설명 |
|---|---|---|---|
| 1단 | 14코 | 진회색 | ◯×1, ✚×14<br>사슬뜨기(기둥코) 1코, 실을 건 코에 바늘 넣어 짧은뜨기 1코, 남아있던 코에 짧은뜨기 1코, 앞판의 옆면에 짧은뜨기 6코, 왼쪽 뒤판의 옆면에 짧은뜨기 6코 |
| 2단 | 14코 | | ✚×14<br>짧은뜨기 14코 |
| 3~4단<br>(총 2단) | 14코 | 연회색 | {✚×14}×2단<br>코늘림 없이 짧은뜨기 2단 뜨기 |
| 5~6단<br>(총 2단) | 14코 | 진회색 | {✚×14}×2단<br>코늘림 없이 짧은뜨기 2단 뜨기 |
| 7~26단<br>(총 20단) | 14코 | 연회색과 진회색을 교차반복 | {✚×14}×20단, ◯×1<br>① 코늘림 없이 짧은뜨기로 연회색 2단, 진회색 2단을 교차 반복하다가 진회색 2단으로 끝남<br>② 마지막에 빼뜨기 1코 후 실을 자르고 마무리하기 |

### ❾ 오른쪽 소매

왼쪽 소매와 같은 방법으로 뜹니다.
(1단에서는 오른쪽 뒤판의 옆선에 짧은뜨기 한 후 앞판의 옆선으로 진행합니다.)

## 마무리하기

❶ 남은 실은 안쪽으로 넣어 정리합니다.

❷ 감침질 4땀으로 다리 사이의 구멍을 막습니다.

❸ 뒤판의 9번째, 17번째, 25번째 단에 스냅단추를 답니다.

## 스카프 만들기

빨간색 실(실 C) 2올로 사슬뜨기 1코를 뜹니다.

| 단수 | 콧수 | 설명 |
|---|---|---|
| 1단 | 2코 | ◯×1, ✦×1<br>사슬뜨기(기둥코) 1코, 짧은뜨기 1코 늘려뜨기 |
| 2단 | 4코 | ◯×1, ✦×2<br>사슬뜨기(기둥코) 1코, (짧은뜨기 1코 늘려뜨기) 2번 뜨기 |
| 3단 | 6코 | ◯×1, ✦×1, ✚×2, ✦×1<br>사슬뜨기(기둥코) 1코, 짧은뜨기 1코 늘려뜨기, 짧은뜨기 2코, 짧은뜨기 1코 늘려뜨기 |
| 4~14단 | 8코~28코 | ◯×1, ✦×1, ✚×남은 코, ✦×1<br>① 사슬뜨기(기둥코) 1코, 짧은뜨기 1코 늘려뜨기, 마지막 1코 남을 때까지 모두 짧은뜨기, 마지막 코에 짧은뜨기 2개<br>② 실을 자르고 마무리하기 |

## 스카프 가장자리 뜨기

❶ 빨간색 실(실 C)로 사슬뜨기 20코를 뜬 후 스카프의 사선 중 한쪽에 골고루 짧은뜨기 24코를 뜹니다.

❷ 스카프의 뾰족한 끝에서 짧은뜨기 2코 늘려뜨기로 뜨고, 스카프의 반대쪽 사선에 골고루 짧은뜨기 24코를 뜬 후 이어서 사슬뜨기를 20코 뜹니다.

❸ 실을 자르고 마무리합니다.

❹ 남은 실은 안쪽으로 넣어 정리합니다.

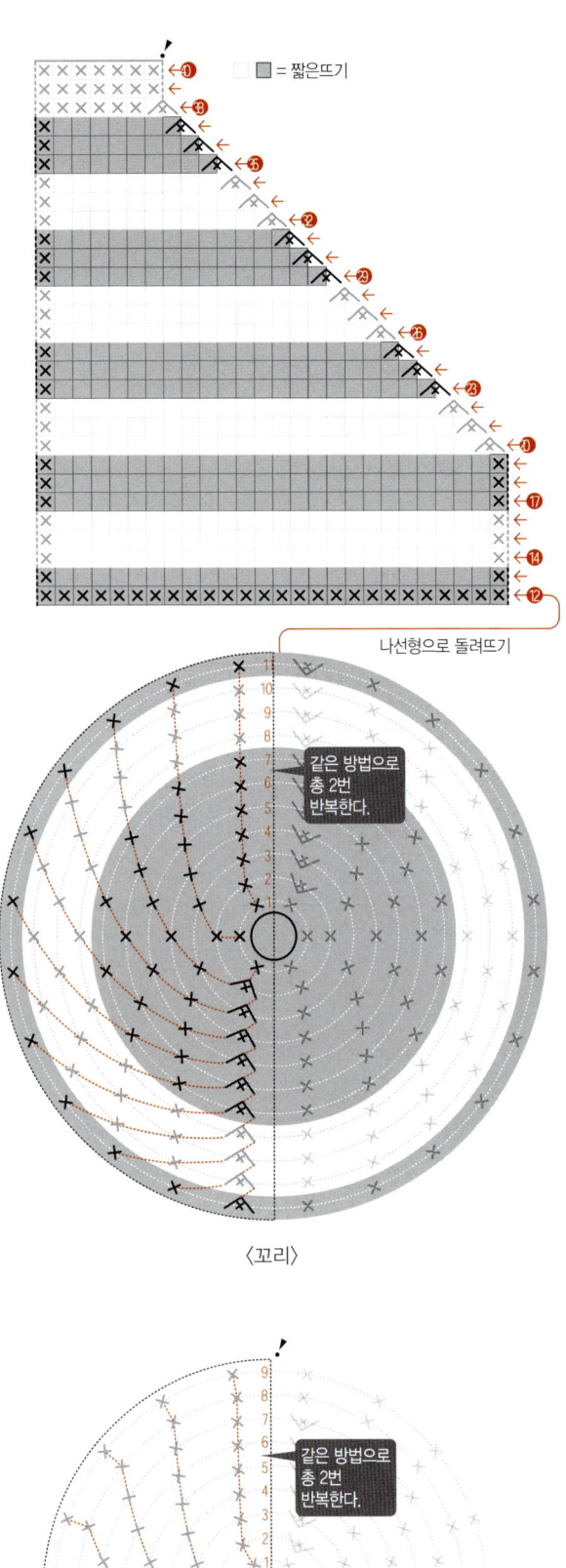

나선형으로 돌려뜨기

〈꼬리〉

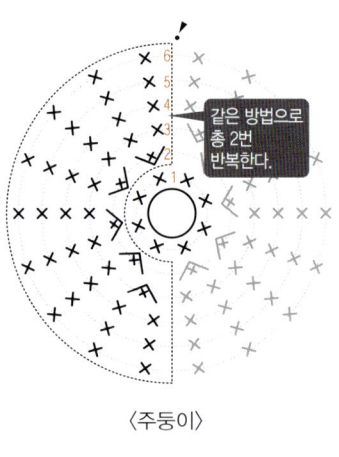

〈주둥이〉

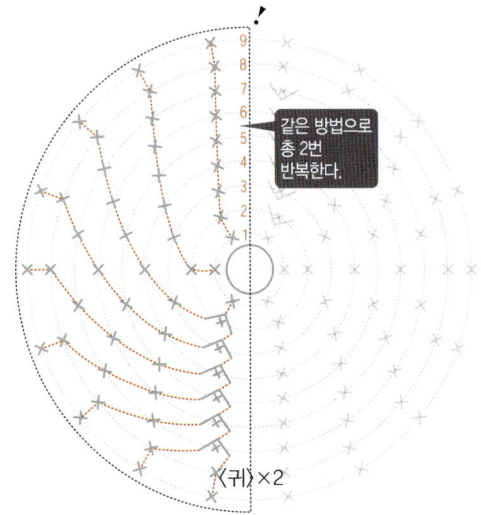

〈귀〉×2

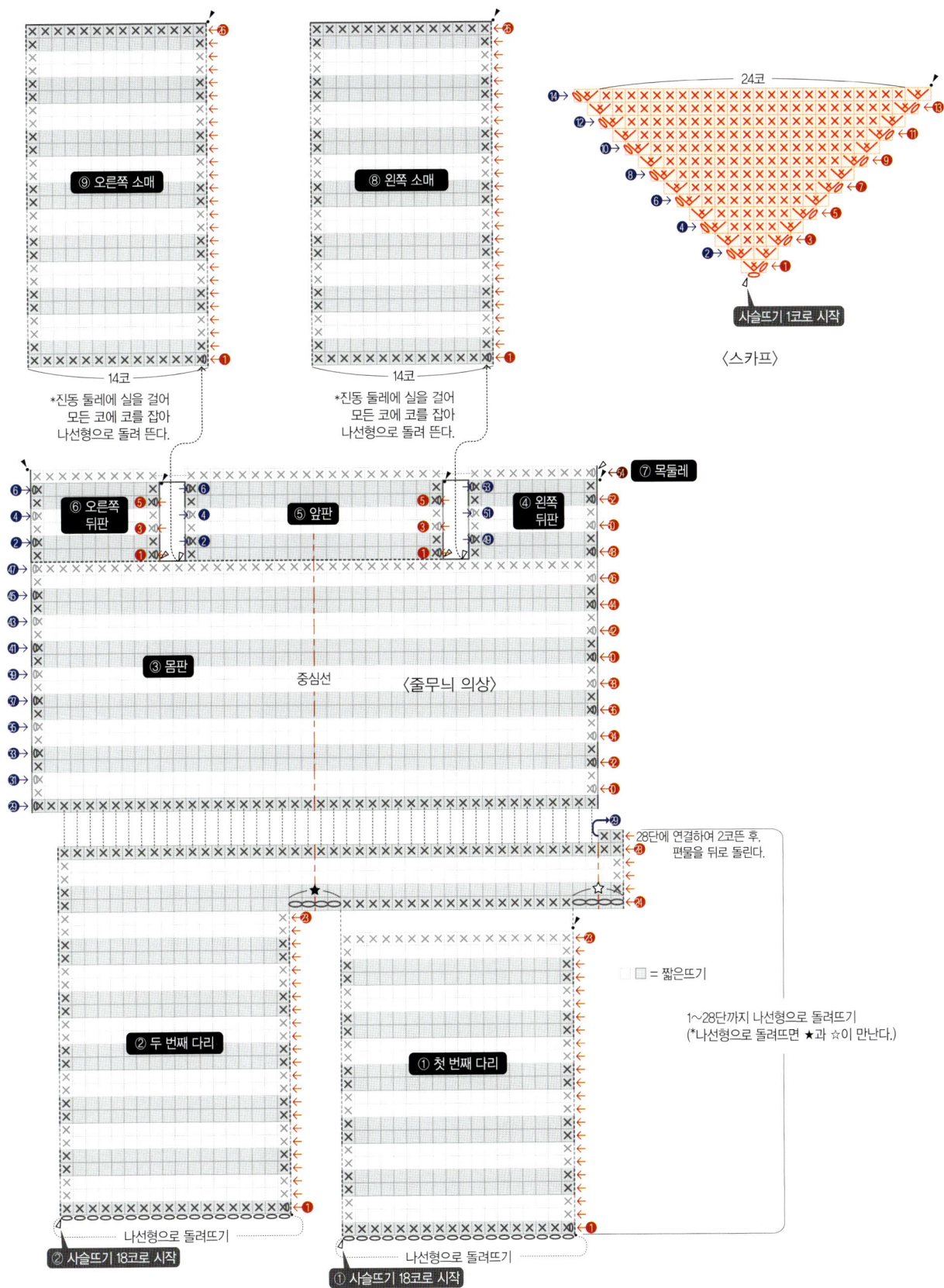

## *Le renard* 여우

### 여우 준비물

- 실 : 아크릴 100%로 구성된 코바늘 3.5mm(6호)에 알맞은 굵기의 실. 주황색 실(실 A) 2볼, 아이보리색 실(실 B) 1볼, 검은색 실(실 C) 1볼
- 인형 눈 : 지름 1cm의 검은색 나사 눈 2개
- 장난감용 구름솜
- 코바늘 3.0mm(5호)
- 가위, 돗바늘

### 머리 만들기

❶ 검은색 실(실 C)로 원형 고리를 만듭니다. 나선형으로 돌리며 작업합니다.

| 단수 | 콧수 | 색상 | 설명 |
|---|---|---|---|
| 1단 | 8코 | 검은색 | ✚×8<br>실로 고리를 만들어 짧은뜨기 8코 뜨기 |
| 2~3단<br>(총 2단) | 8코 | | {✚×8}×2단<br>코늘림 없이 짧은뜨기 2단 뜨기 |
| 4단 | 10코 | | (✚×3, ✚×1)×2<br>(짧은뜨기 3코, 짧은뜨기 1코 늘려 뜨기) 2번 뜨기 |
| 5단 | 12코 | | (✚×4, ✚×1)×2<br>(짧은뜨기 4코, 짧은뜨기 1코 늘려 뜨기) 2번 뜨기 |
| 6단 | 14코 | 주황색 | (✚×5, ✚×1)×2<br>(짧은뜨기 5코, 짧은뜨기 1코 늘려 뜨기) 2번 뜨기 |
| 7단 | 16코 | | (✚×6, ✚×1)×2<br>(짧은뜨기 6코, 짧은뜨기 1코 늘려 뜨기) 2번 뜨기 |
| 8단 | 18코 | | (✚×7, ✚×1)×2<br>(짧은뜨기 7코, 짧은뜨기 1코 늘려 뜨기) 2번 뜨기 |
| 9단 | 20코 | | (✚×8, ✚×1)×2<br>(짧은뜨기 8코, 짧은뜨기 1코 늘려 뜨기) 2번 뜨기 |
| 10단 | 22코 | | (✚×9, ✚×1)×2<br>(짧은뜨기 9코, 짧은뜨기 1코 늘려 뜨기) 2번 뜨기 |
| 11단 | 24코 | | (✚×10, ✚×1)×2<br>(짧은뜨기 9코, 짧은뜨기 1코 늘려 뜨기) 2번 뜨기 |
| 12단 | 26코 | 주황색 | (✚×11, ✚×1)×2<br>(짧은뜨기 11코, 짧은뜨기 1코 늘려 뜨기) 2번 뜨기 |
| 13단 | 28코 | | (✚×12, ✚×1)×2<br>(짧은뜨기 12코, 짧은뜨기 1코 늘려 뜨기) 2번 뜨기 |
| 14단 | 30코 | | (✚×13, ✚×1)×2<br>(짧은뜨기 13코, 짧은뜨기 1코 늘려 뜨기) 2번 뜨기 |
| 15단 | 32코 | | (✚×14, ✚×1)×2<br>(짧은뜨기 14코, 짧은뜨기 1코 늘려 뜨기) 2번 뜨기 |
| 16단 | 48코 | | (✚×1, ✚×1)×16<br>(짧은뜨기 1코, 짧은뜨기 1코 늘려 뜨기) 16번 뜨기 |
| 17~<br>28단<br>(총 12단) | 48코 | | {✚×48}×12단<br>코늘림 없이 짧은뜨기 12단 뜨기 |

15번째 단에 눈을 고정하는데 눈과 눈 사이를 12코 띄웁니다.
솜을 채우고 작업을 진행하면서 적당히 솜을 더 넣습니다.

| 29단 | 40코 | 주황색 | (✚×4, ✚×1)×8<br>(짧은뜨기 4코, 짧은뜨기 2코 모아 뜨기) 8번 뜨기 |
|---|---|---|---|
| 30단 | 32코 | | (✚×3, ✚×1)×8<br>(짧은뜨기 3코, 짧은뜨기 2코 모아 뜨기) 8번 뜨기 |
| 31단 | 24코 | | (✚×2, ✚×1)×8<br>(짧은뜨기 2코, 짧은뜨기 2코 모아 뜨기) 8번 뜨기 |
| 32단 | 16코 | | (✚×1, ✚×1)×8<br>(짧은뜨기 1코, 짧은뜨기 2코 모아 뜨기) 8번 뜨기 |
| 33단 | 8코 | | ✚×8<br>(짧은뜨기 2코 모아뜨기) 8번 뜨기 |
| 34단 | 4코 | | ✚×4<br>① (짧은뜨기 2코 모아뜨기) 4번 뜨기<br>② 실을 자르고 마무리하기 |

❷ 마지막 단의 코 사이사이로 실을 통과시킨 후 당겨서 머리 입구를 조여 실을 정리합니다.

## 다리, 몸통, 팔 만들기

주황색 실로 p.20~21의 설명처럼 뜹니다.

## 꼬리 만들기

p.46에서 너구리 꼬리 만들기 설명처럼 뜹니다.
실로 원형 고리를 만들어 처음 10단은 아이보리색 실로 뜨다가 주황색 실로 바꿔 끝까지 뜹니다.

## 귀 만들기(×2)

❶ 주황색 실(실 A)로 원형 고리를 만듭니다. 나선형으로 돌리며 작업합니다.

| 단수 | 콧수 | 설명 |
|---|---|---|
| 1단 | 6코 | ➕×6<br>실로 고리를 만들어 짧은뜨기 6코 뜨기 |
| 2단 | 8코 | (➕×2, ⬇×1)×2<br>(짧은뜨기 2코, 짧은뜨기 1코 늘려뜨기) 2번 뜨기 |
| 3단 | 10코 | (➕×3, ⬇×1)×2<br>(짧은뜨기 3코, 짧은뜨기 1코 늘려뜨기) 2번 뜨기 |
| 4단 | 12코 | (➕×4, ⬇×1)×2<br>(짧은뜨기 4코, 짧은뜨기 1코 늘려뜨기) 2번 뜨기 |
| 5단 | 14코 | (➕×5, ⬇×1)×2<br>(짧은뜨기 5코, 짧은뜨기 1코 늘려뜨기) 2번 뜨기 |
| 6단 | 16코 | (➕×6, ⬇×1)×2<br>(짧은뜨기 6코, 짧은뜨기 1코 늘려뜨기) 2번 뜨기 |
| 7단 | 18코 | (➕×7, ⬇×1)×2<br>(짧은뜨기 7코, 짧은뜨기 1코 늘려뜨기) 2번 뜨기 |
| 8~9단<br>(총 2단) | 18코 | {➕×18}×2단<br>코늘림 없이 짧은뜨기 2단 뜨기 |

❷ 귀를 반으로 접은 후 두 겹에 한 번에 바늘 넣어 빼뜨기로 1단 뜹니다. (=빼뜨기 9코)

❸ 실을 자르고 마무리합니다.

## 연결하기

p.21에서 설명한 방법처럼 연결합니다.
❶ 머리 위에 귀를 답니다.
❷ 여우의 다리 가랑이에서 뒤판으로 4단 위쪽에 꼬리를 답니다.

## 일요일용 정장 준비물

- 실 : 아크릴 100%로 구성된 코바늘 3.5mm(6호)에 알맞은 굵기의 실. 노란색 실 2볼(실 A), 흰색 실(실 B) 1볼, 갈색 실(실 C) 1볼
- 분홍색 펠트지 : 40×5cm
- 지름 1cm의 스냅단추 2개, 지름 1cm의 단추 1개
- 코바늘 3.0mm(5호)
- 돗바늘, 바느질 도구, 재봉실

## 재킷 만들기

| 단수 | 콧수 | 설명 |
|---|---|---|
| ❶ 아래판 |||
| 노란색 실(실 A)로 사슬뜨기 42코를 시작하여 단뜨기로 뜹니다. |||
| 1단~<br>14단<br>(총 14단)<br>(1단이<br>겉면) | 42코 | {⭕×1, ➕×42}×14단<br>{사슬뜨기(기둥코) 1코, 짧은뜨기 42코}<br>14단 뜨기 |
| ❷ 오른쪽 앞판 |||
| 15~<br>20단<br>(총 6단) | 10코 | {⭕×1, ➕×10}×6단<br>{사슬뜨기(기둥코) 1코, 짧은뜨기 10코 뜨고 편물을 뒤로 돌리기} 6단 뜨기 |
| 21단 | 7코 | ●×3, ⭕×1, ➕×7<br>빼뜨기 3코, 사슬뜨기(기둥코) 1코, 짧은뜨기 7코 |
| 22단 | 7코 | ⭕×1, ➕×7<br>① 사슬뜨기(기둥코) 1코, 짧은뜨기 7코<br>② 실을 자르고 마무리하기 |
| ❸ 뒤판 |||
| 겉면에서 14번째 단의 12번째 코에 노란색 실을 걸고 단뜨기로 뜹니다. |||
| 15단 | 20코 | ⭕×1, ➕×20<br>사슬뜨기(기둥코) 1코, 실을 건 코에 바늘 넣어 짧은뜨기 1코, 이어서 짧은뜨기 19코 뜨고 편물을 뒤로 돌리기 |
| 16~22단<br>(총 7단) | 20코 | {⭕×1, ➕×20}×7단<br>① {사슬뜨기(기둥코) 1코, 짧은뜨기 20코} 7단 뜨기<br>② 실을 자르고 마무리하기 |
| ❹ 왼쪽 앞판 |||
| 겉면에서 14번째 단의 33번째 코에 노란색 실을 걸고 단뜨기로 뜹니다. |||
| 15단 | 10코 | ⭕×1, ➕×10<br>사슬뜨기(기둥코) 1코, 실을 건 코에 바늘 넣어 짧은뜨기 1코, 이어서 짧은뜨기 9코 뜨고 편물을 뒤로 돌리기 |
| 16~<br>20단<br>(총 5단) | 10코 | {⭕×1, ➕×20}×5단<br>{사슬뜨기(기둥코) 1코, 짧은뜨기 20코} 5단 뜨기 |

| 21단 | 7코 | ⬭×1, ✚×7<br>사슬뜨기(기둥코) 1코, 짧은뜨기 7코 뜨고 편물을 뒤로 돌리기 |
|---|---|---|
| 22단 | 7코 | ⬭×1, ✚×7<br>① 사슬뜨기(기둥코) 1코, 짧은뜨기 7코<br>② 실을 자르고 마무리하기 |

#### 소매
앞판과 뒤판의 양쪽 어깨를 3코씩 연결합니다.

#### ❻ 오른쪽 소매
겉면에서 오른쪽 진동 둘레의 아랫부분에 남아있는 짧은뜨기 1코에 노란색 실을 걸고 진동 둘레에서 나선형으로 돌려가며 뜹니다.

## 위 칼라 만들기
흰색 실(실 B)로 사슬뜨기를 28코 뜹니다.

| 단수 | 콧수 | 설명 |
|---|---|---|
| 1~4단<br>(총 4단) | 28코 | {⬭×1, ✚×28}×4단<br>① {사슬뜨기(기둥코) 1코, 짧은뜨기 28코} 4단 뜨기<br>② 실을 자르고 마무리하기 |

## 주머니 만들기(×2)
노란색 실(실 A)로 사슬뜨기를 6코 뜹니다.

| 단수 | 콧수 | 설명 |
|---|---|---|
| 1~6단<br>(총 6단) | 6코 | {⬭×1, ✚×6}×6단<br>① {사슬뜨기(기둥코) 1코, 짧은뜨기 6코} 6단 뜨기<br>② 실을 자르고 마무리하기 |

## 마무리하기
❶ 남은 실은 안쪽으로 넣어 정리합니다.

❷ 재킷의 아래 칼라 모양을 만듭니다. 재킷 앞판의 양쪽 목 둘레 모서리를 밖으로 접어서 작은 스티치로 고정합니다.

❸ 위 칼라는 재킷의 안쪽에서 꿰맵니다. 이때 위 칼라의 가운데가 뒤 중심선에 오게 합니다.

❹ 주머니를 앞판에 답니다. 앞판 세 번째 단의 중앙에 주머니의 첫 번째 단이 오도록 놓습니다.

❺ 스냅단추를 앞판에 고정합니다. 1개는 세 번째 단, 다른 1개는 재킷 아래 칼라의 바로 아래에 답니다.

## 바지 만들기

| 단수 | 콧수 | 설명 |
|---|---|---|
| 첫 번째 다리 | | |

노란색 실(실 A)로 사슬뜨기 18코를 뜬 후 첫코에 빼뜨기하여 원형 고리를 만듭니다. 나선형으로 돌리며 작업합니다.

| 단수 | 콧수 | 설명 |
|---|---|---|
| 1단 | 18코 | ⬭×1, ✚×18<br>사슬뜨기(기둥코) 1코, 짧은뜨기 18코 |
| 2단~<br>19단<br>(총 18단) | 18코 | {✚×18}×18단, ⬭×1<br>① 코늘림 없이 짧은뜨기 18단 뜨기<br>② 마지막에 빼뜨기 1코 후, 실을 자르고 마무리하기 |

#### 두 번째 다리
1단부터 19단까지 반복하여 다리를 하나 더 만들고 두 번째 다리는 끝에서 실을 자르지 않습니다.

#### 바지의 윗부분
두 번째 다리에서 연결해서 나선형으로 돌려 뜹니다.

| 단수 | 콧수 | 설명 |
|---|---|---|
| 20단 | 44코 | ⬭×4, ✚×18, ⬭×4, ✚×18<br>두 번째 다리의 끝에서 사슬뜨기 4코, 첫 번째 다리에 짧은뜨기 18코, 사슬뜨기 4코, 두 번째 다리에 짧은뜨기 18코 |
| 21단 | 44코 | ✚×44<br>사슬코에 바늘 넣어 짧은뜨기 4코, 첫 번째 다리에 짧은뜨기 18코, 사슬코에 바늘 넣어 짧은뜨기 4코, 두 번째 다리에 짧은뜨기 18코 |
| 22~<br>23단<br>(총 2단) | 44코 | {✚×44}×2단<br>코늘림 없이 짧은뜨기 2단 뜨기 |

23단까지 뜬 후 짧은뜨기 2코만 더 떠서 뒤 중심에 이르면 편물을 뒤로 돌려 단뜨기로 진행합니다.

| 단수 | 콧수 | 설명 |
|---|---|---|
| 24~<br>29단<br>(총 6단) | 44코 | ① {⬭×1, ✚×44}×6단<br>{사슬뜨기(기둥코) 1코, 짧은뜨기 44코} 6단 뜨기<br>② ⬭×5<br>6단의 끝에서 사슬뜨기 5개 뜨기<br>③ 실을 자르고 마무리하기 |

## 마무리하기
❶ 남은 실은 안쪽으로 넣어 정리합니다.

❷ 감침질 4땀으로 다리 사이의 구멍을 막습니다.

❸ 마지막 사슬뜨기 5코의 끝을 꿰매어 단추 고리를 만듭니다.

❹ 맞은편에 단추를 답니다.

## 넥타이 만들기
❶ 펠트지를 넥타이 모양으로 자릅니다. 길게 자른 후 양쪽 끝을 뾰족하게 자릅니다.

❷ 넥타이를 여우 목에 매줍니다.

## 발목까지 오는 구두 만들기
갈색 실로 p.22의 설명처럼 뜹니다.

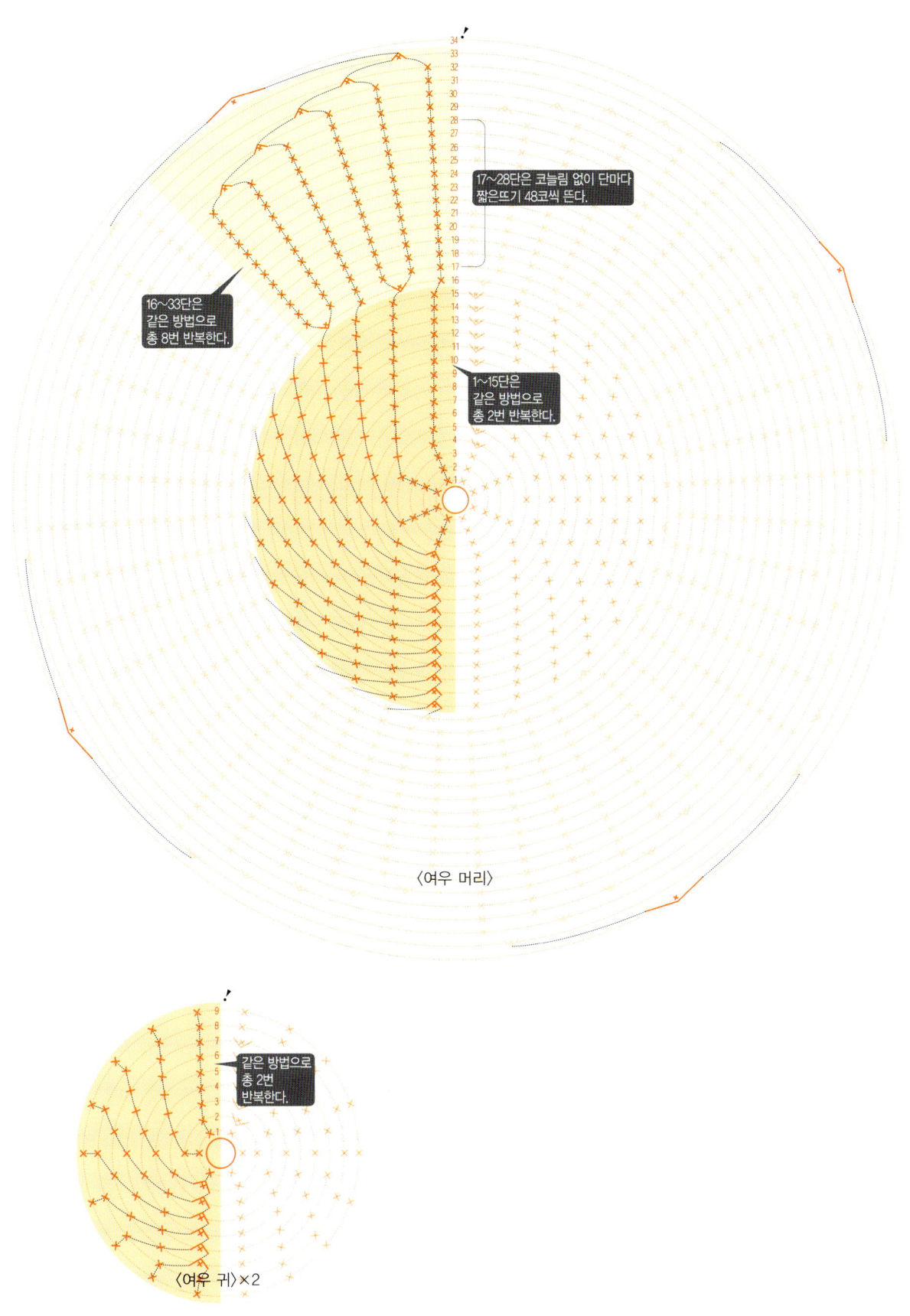

〈여우 머리〉

〈여우 귀〉×2

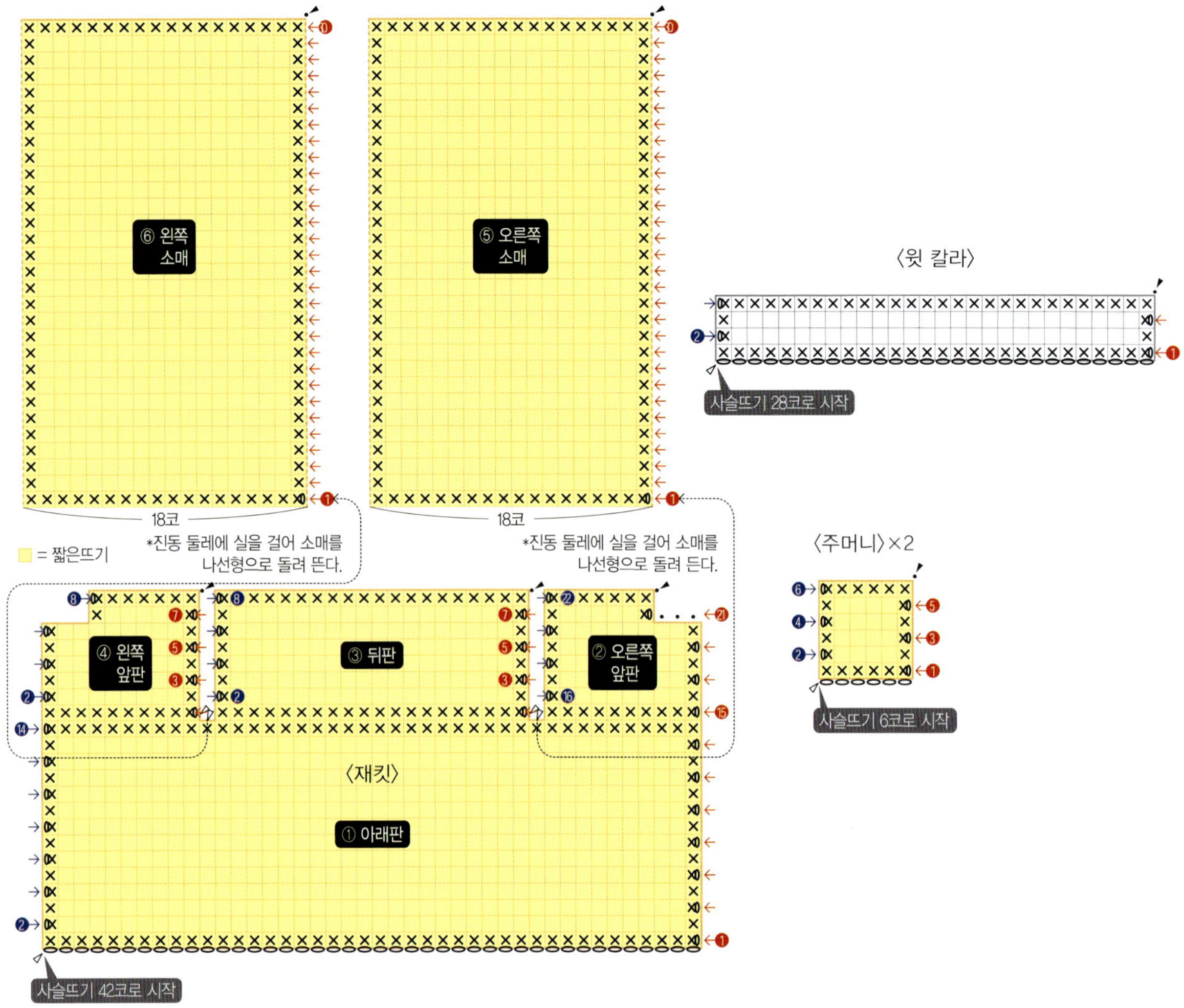

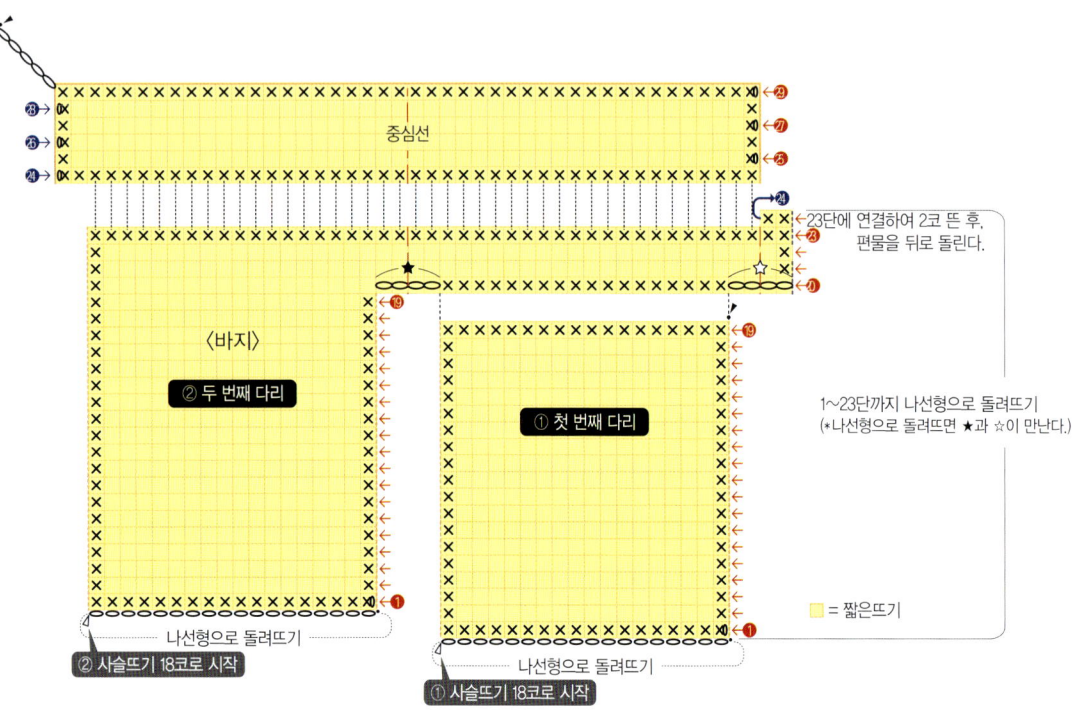

# Note

# Le caribou
순록

# Le caribou 순록

## 순록 준비물

- 실 : 모 40%, 아크릴 40%, 모헤어 20%로 구성된 코바늘 4mm(7호)에 알맞은 굵기의 실. 연카키색 실(실 A) 2볼, 진카키색 실(실 B) 1볼, 베이지색 실(실 C) 1볼
- 양모펠트 : 검은색
- 인형 눈 : 지름 1.5cm 무광 검은색 나사 눈 2개
- 장난감용 구름솜
- 코바늘 3.0mm(5호)
- 가위, 돗바늘, 펠트용 바늘

## 머리 만들기

❶ 연카키색 실(실 A)로 원형 고리를 만듭니다. 나선형으로 돌리며 작업합니다.

| 단수 | 콧수 | 색상 | 설명 |
|---|---|---|---|
| 1단 | 8코 | 연카키색 | +×8<br>실로 고리를 만들어 짧은뜨기 8코 뜨기 |
| 2단 | 16코 | | ⇩×8<br>(짧은뜨기 1코 늘려뜨기) 8번 뜨기 |
| 3단 | 24코 | | (+×1, ⇩×1)×8<br>(짧은뜨기 1코, 짧은뜨기 1코 늘려뜨기) 8번 뜨기 |
| 4단 | 32코 | | (+×2, ⇩×1)×8<br>(짧은뜨기 2코, 짧은뜨기 1코 늘려뜨기) 8번 뜨기 |
| 5단 | 38코 | | (+×4, ⇩×1)×6, +×2<br>(짧은뜨기 4코, 짧은뜨기 1코 늘려뜨기) 6번 뜨기, 짧은뜨기 2코 |
| 6~15단 (10단) | 38코 | 연카키색 | (+×38)×10단<br>코늘림 없이 짧은뜨기 10단 뜨기 |
| 16단 | 34코 | | {+×7, ⚘×1}×4, +×2<br>(짧은뜨기 7코, 짧은뜨기 2코 모아뜨기) 4번 뜨기, 짧은뜨기 2코 |
| 17단 | 30코 | | (+×6, ⚘×1)×4, +×2<br>(짧은뜨기 6코, 짧은뜨기 2코 모아뜨기) 4번 뜨기, 짧은뜨기 2코 |
| 18단 | 26코 | | (+×5, ⚘×1)×4, +×2<br>① (짧은뜨기 5코, 짧은뜨기 2코 모아뜨기) 4번 뜨기, 짧은뜨기 2코<br>② 실을 진카키색 실로 바꾼다. |
| 19단 | 22코 | 진카키색 | (+×4, ⚘×1)×4, +×2<br>(짧은뜨기 4코, 짧은뜨기 2코 모아뜨기) 4번 뜨기, 짧은뜨기 2코 |
| 20단 | 18코 | | (+×3, ⚘×1)×4, +×2<br>(짧은뜨기 3코, 짧은뜨기 2코 모아뜨기) 4번 뜨기, 짧은뜨기 2코 |

눈은 진카키색으로 뜬 부분의 가장 아래 단에 고정하며 눈과 눈 사이를 8코 띄웁니다.
솜을 채우고 작업을 진행하면서 적당히 솜을 더 넣습니다.

| 21단 | 14코 | 진카키색 | (+×2, ⚘×1)×4, +×2<br>(짧은뜨기 2코, 짧은뜨기 2코 모아뜨기) 4번 뜨기, 짧은뜨기 2코 |
|---|---|---|---|
| 22단 | 10코 | | (+×1, ⚘×1)×4, +×2<br>(짧은뜨기 1코, 짧은뜨기 2코 모아뜨기) 4번 뜨기, 짧은뜨기 2코 |
| 23단 | 5코 | | ⚘×5<br>① (짧은뜨기 2코 모아뜨기)×5번 뜨기<br>② 실을 자르고 마무리하기 |

❷ 마지막 단의 코 사이사이로 실을 통과시킨 후 당겨서 머리의 입구를 조인 후 실을 마무리합니다.

## 머리, 몸통, 팔 만들기

연카키색 실(실 A)로 p.20~21의 설명처럼 뜹니다.

## 주둥이 만들기

연카키색 실(실 A)로 원형 고리를 만듭니다. 나선형으로 돌리며 작업합니다.

| 단수 | 콧수 | 색상 | 설명 |
|---|---|---|---|
| 1단 | 8코 | 연카키색 | ╋×8<br>실로 고리를 만들어 짧은뜨기 8코 뜨기 |
| 2단 | 16코 | | ⇩×8<br>(짧은뜨기 1코 늘려뜨기) 8번 뜨기 |
| 3단 | 24코 | | (╋×1, ⇩×1)×8<br>(짧은뜨기 1코, 짧은뜨기 1코 늘려뜨기) 8번 뜨기 |
| 4단 | 32코 | 연카키색 | (╋×2, ⇩×1)×8<br>(짧은뜨기 2코, 짧은뜨기 1코 늘려뜨기) 8번 뜨기 |
| 5단 | 34코 | | (╋×15, ⇩×1)×2<br>(짧은뜨기 15코, 짧은뜨기 1코 늘려뜨기) 2번 뜨기 |
| 6~10단<br>(총 5단) | 34코 | | {╋×34}×5단, ●×1<br>① 코늘림 없이 짧은뜨기 5단 뜨기<br>② 마지막에 빼뜨기 1코 후 실을 자르고 마무리하기 |

## 귀 만들기(×2)

❶ 진카키색 실(실 B)로 원형 고리를 만듭니다. 나선형으로 돌리며 작업합니다.

| 단수 | 콧수 | 색상 | 설명 |
|---|---|---|---|
| 1단 | 6코 | 진카키색 | ╋×6<br>실로 고리를 만들어 짧은뜨기 6코 뜨기 |
| 2단 | 8코 | | (╋×2, ⇩×1)×2<br>(짧은뜨기 2코, 짧은뜨기 1코 늘려뜨기) 2번 뜨기 |
| 3단 | 10코 | | (╋×3, ⇩×1)×2<br>(짧은뜨기 3코, 짧은뜨기 1코 늘려뜨기) 2번 뜨기 |
| 4단 | 10코 | | {╋×10}×7단<br>코늘림 없이 짧은뜨기 7단 뜨기 |

❷ 귀를 납작하게 눌러 마지막 단에서 두 겹에 한 번에 바늘 넣어 빼뜨기로 1단(=빼뜨기 5코) 뜹니다.

❸ 실을 자르고 마무리합니다.

## 뿔 만들기(×2)

베이지색 실(실 C)로 사슬뜨기 12코를 뜹니다. 나선형으로 돌리며 작업합니다.

| 단수 | 콧수 | 색상 | 설명 |
|---|---|---|---|
| 1단 | 26코 | 베이지색 | ① ○×1, ╋×11, ⇩×1<br>사슬뜨기(기둥코) 1코, 짧은뜨기 11코 뜨기, 마지막 짧은뜨기 1코 늘려뜨기 뜨기<br>② 편물을 아래로 돌려 사슬뜨기 아래 반 코에 바늘 넣어 진행<br>③ ╋×11, ⇩×1<br>짧은뜨기 11코 뜨기, 마지막 짧은뜨기 1코 늘려뜨기 뜨기 |
| 2단 | 28코 | | (╋×12, ⇩×1)×2<br>(짧은뜨기 12코, 짧은뜨기 1코 늘려뜨기) 2번 뜨기 |
| 3단 | 30코 | | (╋×13, ⇩×1)×2<br>(짧은뜨기 13코, 짧은뜨기 1코 늘려뜨기) 2번 뜨기 |
| 4단 | 32코 | | (╋×14, ⇩×1)×2<br>(짧은뜨기 14코, 짧은뜨기 1코 늘려뜨기) 2번 뜨기 |
| 5단 | 34코 | 베이지색 | (╋×15, ⇩×1)×2<br>(짧은뜨기 15코, 짧은뜨기 1코 늘려뜨기) 2번 뜨기 |
| 6단 | 피코뜨기 9개 | | ╋×5, (○×5→○×1→╋×5, ╋×3)×9, ╋×2<br>짧은뜨기 5코 뜨고, (피코뜨기 1개 : 사슬뜨기 5코 뜬 후, 사슬뜨기(기둥코) 1코 뜨고, 나머지 5개의 사슬코에 바늘 넣어 짧은뜨기 1코씩 뜬 후 5단에 바늘 넣어 짧은뜨기, 3코 뜨기)를 9번 반복하여 뜬 후, 마지막에 짧은뜨기 2코 뜨기 |

❷ 편물을 반으로 접습니다.

❸ 두 겹에 한 번에 바늘을 넣어 빼뜨기로 3코 뜹니다.

❹ 실을 자르고 마무리합니다.

## 연결하기

p.22에서 설명한 방법처럼 연결합니다.

❶ 주둥이에 솜을 채운 후 진카키색으로 뜬 경계선에 가까이 놓습니다. 얼굴에 주둥이를 공그르기로 답니다.

❷ 양모펠트와 펠트용 바늘로 주둥이에 콧구멍 2개를 동그랗게 만듭니다. (p.12 참고)

❸ 귀를 머리에 꿰매고 귀 바로 뒤에 뿔을 고정합니다.

## 의상 준비물

- 실 : 모 40%, 아크릴 30%, 폴리아마이드 30%로 구성된 코바늘 3.5mm(6호)에 알맞은 굵기의 실. 파란색 실 1볼 (실 A)
- 실 : 아크릴 100%로 구성된 코바늘 3.5mm(6호)에 알맞은 굵기의 실. 흰색 실 1볼(실 B), 갈색 실 1볼(실 C), 베이지색 실 1볼(실 D)
- 지름 1cm의 스냅단추 3개
- 코바늘 3.0mm(5호)
- 돗바늘, 바느질 도구, 재봉실

## 상의 만들기

파란색 실(실 A)로 사슬뜨기 34코 뜨고 단뜨기로 이어 뜹니다.

| 단수 | 콧수 | 색상 | 설명 |
|---|---|---|---|
| ❶ 아래판 | | | |
| 1단~20단 (총 20단) (1단이 겉면) | 34코 | 파란색 | {○×1, ✚×34}×20단 {사슬뜨기(기둥코) 1코, 짧은뜨기 34코} 20단 뜨기 |
| ❷ 왼쪽 뒤판 | | | |
| 21~28단 (총 8단) | 9코 | 파란색 | {○×1, ✚×9}×8단<br>① {사슬뜨기(기둥코) 1코, 짧은뜨기 9코 뜨고 편물을 뒤로 돌리기} 8단 뜨기<br>② 실을 자르고 마무리하기 |
| ❸ 앞판 | | | |
| 겉면에서 20번째 단의 11번째 코에 파란색 실을 걸고 단뜨기로 뜹니다. | | | |
| 21단 | 14코 | 파란색 | ○×1, ✚×14<br>사슬뜨기(기둥코) 1코, 실을 건 코에 바늘 넣어 짧은뜨기 1코, 이어서 짧은뜨기 13코 뜨고 편물을 뒤로 돌리기 |
| 22~26단 (총 5단) | 14코 | 파란색 | {○×1, ✚×14}×5단 {사슬뜨기(기둥코) 1코, 짧은뜨기 14코 뜨고 편물을 뒤로 돌리기} 5단 뜨기 |
| 27단 | 13코 | | ○×1, ♠×1, ✚×12<br>사슬뜨기(기둥코) 1코, 짧은뜨기 2코 모아뜨기, 짧은뜨기 12코 |
| 28단 | 12코 | | ○×1, ♠×1, ✚×11<br>① 사슬뜨기(기둥코) 1코, 짧은뜨기 2코 모아뜨기, 짧은뜨기 11코<br>② 실을 자르고 마무리하기 |
| ❹ 오른쪽 뒤판 | | | |
| 겉면에서 20번째 단의 26번째 코에 파란색 실을 걸고 단뜨기로 뜹니다. | | | |
| 21단 | 9코 | 파란색 | ○×1, ✚×9<br>사슬뜨기(기둥코) 1코, 실을 건 코에 바늘 넣어 짧은뜨기 1코, 이어서 짧은뜨기 8코 뜨고 편물을 뒤로 돌리기 |
| 22~28단 (총 7단) | 9코 | | {○×1, ✚×9}×7단<br>① {사슬뜨기(기둥코) 1코, 짧은뜨기 9코 뜨고 편물을 뒤로 돌리기} 7단 뜨기<br>② 실을 자르고 마무리하기 |
| ❺ 왼쪽 칼라 | | | |
| 겉면에서 왼쪽 뒤판의 첫 번째 코에 흰색 실(실 B)을 걸고 단뜨기로 뜹니다. | | | |
| 1단 | 15코 | 흰색 | ○×1, ✚×15<br>사슬뜨기(기둥코) 1코, 왼쪽 뒤판에 짧은뜨기 9코, 앞판에 짧은뜨기 6코 뜨고 편물을 뒤로 돌리기 |
| 2~6단 (총 5단) | 15코 | | {○×1, ✚×15}×5단<br>① {사슬뜨기(기둥코) 1코, 짧은뜨기 15코 뜨고 편물을 뒤로 돌리기} 5단 뜨기<br>② 실을 자르고 마무리하기 |
| ❻ 오른쪽 칼라 | | | |
| 겉면에서 왼쪽 칼라 옆 코에 흰색 실(실 B)을 걸고 단뜨기로 뜹니다. 왼쪽 칼라처럼 6단 뜬 후 실을 자르고 마무리합니다. | | | |
| ❼ 왼쪽 소매 | | | |
| 겉면에서 왼쪽 진동 둘레의 아랫부분에 남아있는 짧은뜨기 1코에 파란색 실을 걸고 진동 둘레에서 나선형으로 돌려가며 뜹니다. | | | |
| 1단 | 17코 | 파란색 | ○×1, ✚×17<br>사슬뜨기(기둥코) 1코, 실을 건 코에 바늘 넣어 짧은뜨기 1코, 이어서 앞판의 옆선에 짧은뜨기 8코, 왼쪽 뒤판의 옆선에 짧은뜨기 8코 |
| 2~22단 (총 21단) | 17코 | | {✚×17}×21단, ●×1<br>① 코늘림 없이 짧은뜨기 21단 돌려뜨기<br>② 마지막에서 빼뜨기 1코 후 실을 자르고 마무리하기 |
| ❽ 오른쪽 소매 | | | |
| 왼쪽 소매와 같은 방법으로 뜹니다. (1단에서는 오른쪽 뒤판의 옆선에 짧은뜨기한 후 앞판의 옆선으로 진행합니다.) | | | |

## 마무리하기

❶ 남은 실은 안쪽으로 넣어 정리합니다.

❷ 칼라를 바깥쪽으로 접습니다. 각 칼라의 뒤쪽 모퉁이는 흰색 실로 두 겹에 한 번에 바늘을 찔러 통과시킨 후 실의 양쪽 끝을 묶습니다. 칼라를 잠글 때는 칼라 양쪽 끝에 달린 흰색 실로 리본을 묶습니다.

❸ 뒤판에 스냅단추 3개를 답니다. 첫 번째 스냅단추는 칼라 바로 아래, 두 번째 단추는 두 번째 단, 세 번째 단추는 등판의 중간에 답니다.

## 골프 바지 만들기

❶ 밤색 실(실 C)로 다음처럼 뜹니다.

| 단수 | 콧수 | 설명 |
|---|---|---|
| 첫 번째 다리 | | |
| 사슬뜨기 22코를 뜬 후 첫코에 빼뜨기하여 원형 고리를 만듭니다. 나선형으로 돌리며 작업합니다. | | |
| 1단 | 22코 | ◯×1, ✚×22<br>사슬뜨기(기둥코) 1코, 짧은뜨기 22코 |
| 2~3단<br>(총 2단) | 22코 | {✚×22}×2단<br>코늘림 없이 짧은뜨기 2단 뜨기 |
| 4단 | 21코 | ✚×10, ▲×1, ✚×10<br>짧은뜨기 10코, 짧은뜨기 2코 모아뜨기, 짧은뜨기 10코 |
| 5단 | 20코 | ▲×1, ✚×19<br>짧은뜨기 2코 모아뜨기, 짧은뜨기 19코 |
| 6단 | 19코 | ✚×9, ▲×1, ✚×9<br>짧은뜨기 9코, 짧은뜨기 2코 모아뜨기, 짧은뜨기 9코 |
| 7단 | 18코 | ▲×1, ✚×17<br>짧은뜨기 2코 모아뜨기, 짧은뜨기 17코 |
| 8~18단<br>(총 11단) | 18코 | {✚×17}×11단, ⬬×1<br>① 코늘림 없이 짧은뜨기 11단 뜨기<br>② 마지막에 빼뜨기 1코 후, 실을 자르고 마무리하기 |
| 두 번째 다리 | | |
| 1단부터 18단까지 반복하여 다리를 하나 더 만들고, 두 번째 다리는 끝에서 실을 자르지 않습니다. | | |
| 바지 윗부분 | | |
| 두 번째 다리에서 연결해서 나선형으로 돌려 뜹니다. | | |
| 19단 | 44코 | ◯×4, ✚×18, ◯×4, ✚×18<br>두 번째 다리의 끝에서 사슬뜨기 4코, 첫 번째 다리에 짧은뜨기 18코(코를 줄인 부분이 바지의 바깥쪽으로 가도록 놓고 뜬다), 사슬뜨기 4코, 두 번째 다리에 짧은뜨기 18코 |
| 20단 | 44코 | ✚×44<br>사슬코에 바늘을 넣어 짧은뜨기 4코, 첫 번째 다리에 짧은뜨기 18코, 사슬코에 바늘을 넣어 짧은뜨기 4코, 두 번째 다리에 짧은뜨기 18코 |
| 21~22단<br>(총 2단) | 44코 | {✚×44}×2단<br>코늘림 없이 짧은뜨기 2단 돌려뜨기 |
| 22단까지 뜬 후 짧은뜨기 2코만 더 떠서 뒤 중심에 이르면 편물을 뒤로 돌려 단뜨기로 진행합니다. | | |
| 23~<br>28단<br>(총 6단) | 44코 | ① {◯×1, ✚×44}×6단<br>{사슬뜨기(기둥코) 1코, 짧은뜨기 44코} 6단 뜨기<br>② ◯×25<br>28단의 끝에서 사슬뜨기 25코 뜨고 실을 자르고 마무리하기 |

❷ 밤색 실로 28번째 단의 첫 번째 코에 실을 걸고 사슬뜨기 25코를 뜬 후 실을 자르고 마무리합니다.

❸ 남은 실은 안쪽으로 넣어 정리합니다.

❹ 감침질 4땀으로 다리 사이의 구멍을 막습니다.

## 발목까지 오는 구두(×2)

❶ 베이지색 실(실 D)로 p.22의 설명처럼 뜹니다.

❷ 신발 바닥의 7번째 단에 남아있는 앞쪽 반 코에 바늘 넣어 빼뜨기로 1단 돌려 뜹니다.

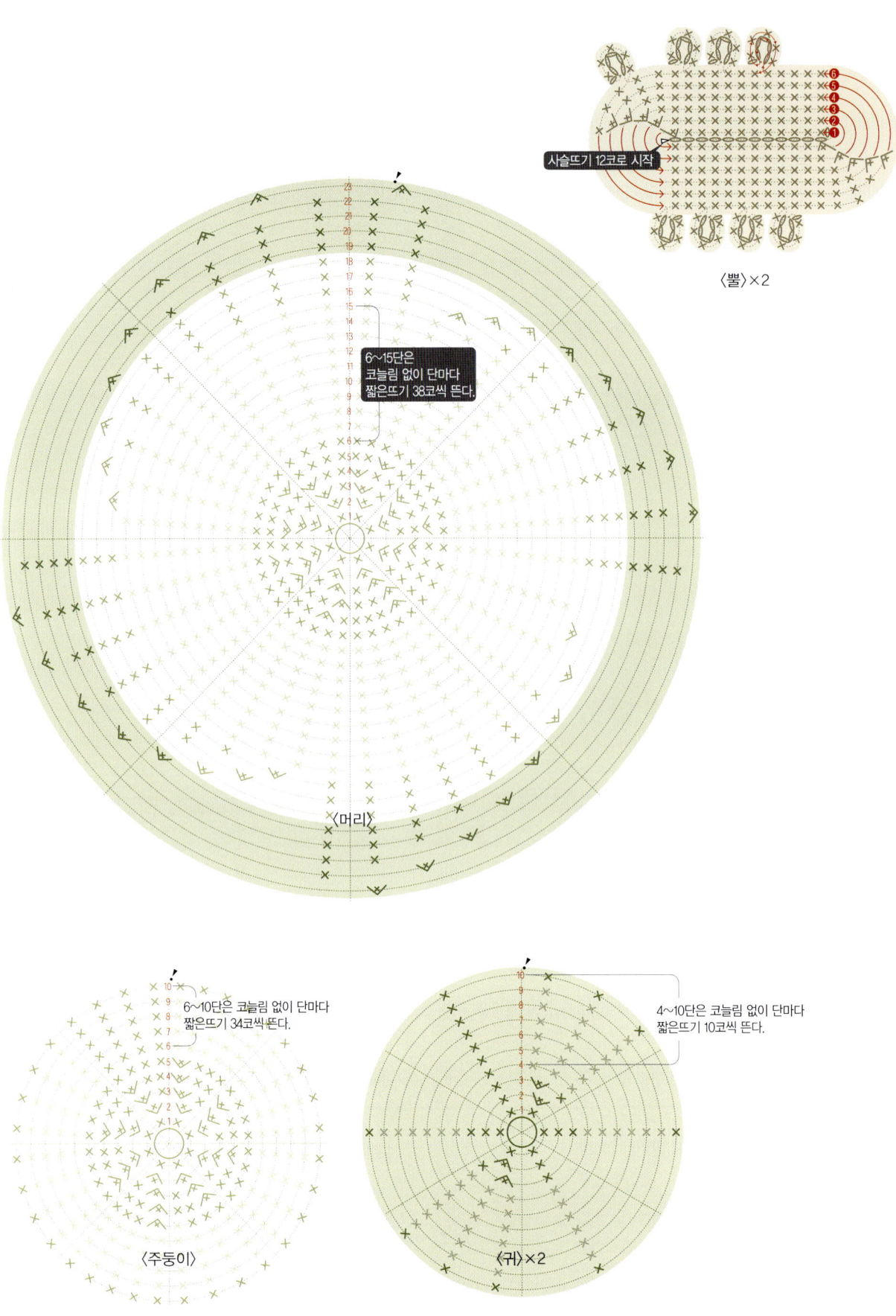

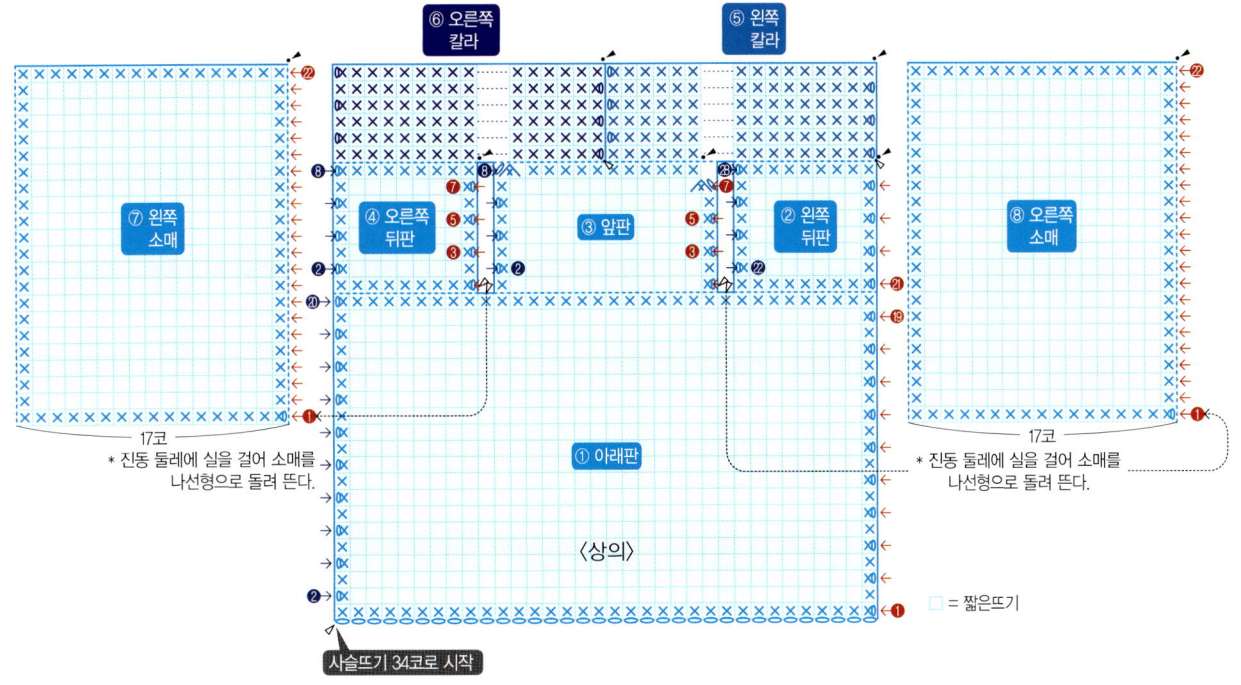
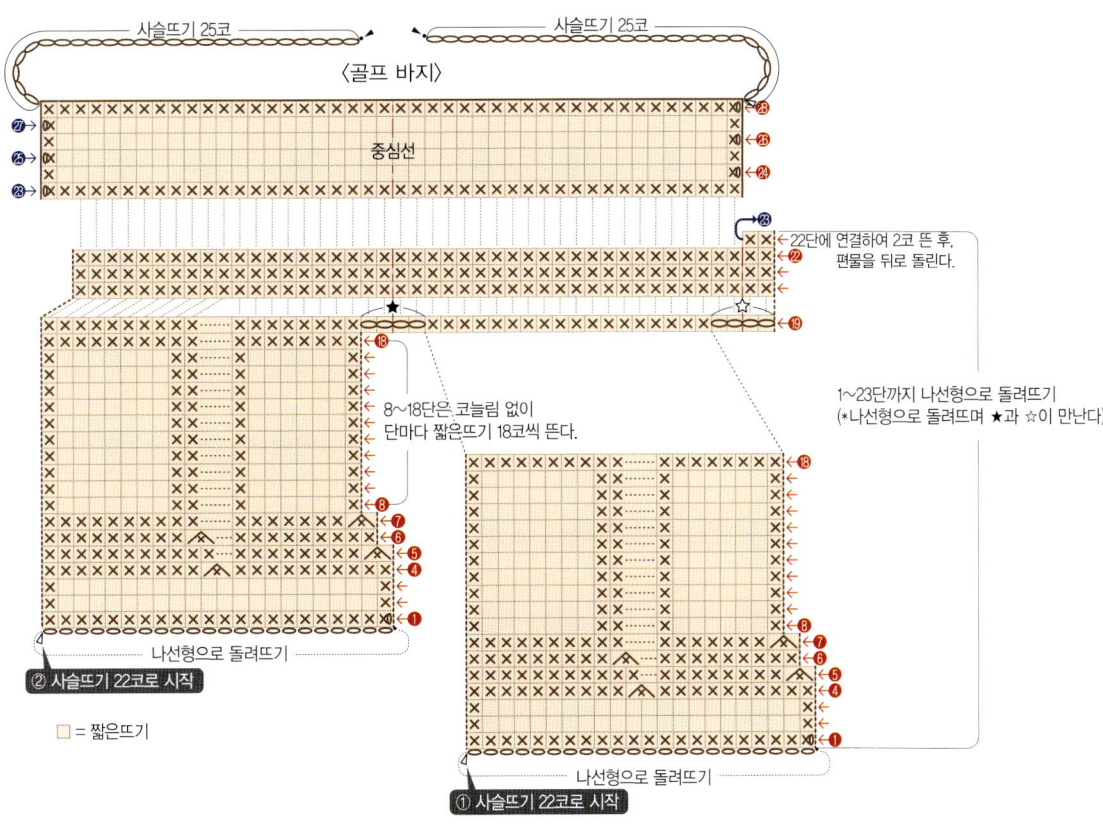

# Le loup 늑대

### 늑대 준비물

- 실 : 폴리아마이드 100%로 구성된 코바늘 5.5mm(9호)에 알맞은 굵기의 털이 복슬복슬한 실. 연회색 실(실 A) 2볼
- 실 : 아크릴 100%로 구성된 코바늘 3.5mm(6호)에 알맞은 굵기의 실. 진회색 실(실 B) 1볼
- 양모펠트 : 검은색
- 지퍼 : 길이 22cm의 회색 1개
- 인형 눈 : 지름 2cm의 연초록색 나사 눈 2개
- 장난감용 구름솜
- 코바늘 3.0mm(5호), 5.5mm(9호)
- 돗바늘, 펠트용 바늘, 바느질 도구, 재봉실

### 머리 만들기

❶ 연회색 실(실 A)로 원형 고리를 만듭니다. 나선형으로 돌리며 작업합니다.

| 단수 | 콧수 | 설명 |
|---|---|---|
| 1단 | 8코 | +×8<br>실로 고리를 만들어 짧은뜨기 8코 뜨기 |
| 2단 | 10코 | (+×3, ⬇×1)×2<br>(짧은뜨기 3코, 짧은뜨기 1코 늘려뜨기) 2번 뜨기 |
| 3단 | 12코 | (+×4, ⬇×1)×2<br>(짧은뜨기 4코, 짧은뜨기 1코 늘려뜨기) 2번 뜨기 |
| 4단 | 14코 | (+×5, ⬇×1)×2<br>(짧은뜨기 5코, 짧은뜨기 1코 늘려뜨기) 2번 뜨기 |
| 5단 | 16코 | (+×6, ⬇×1)×2<br>(짧은뜨기 6코, 짧은뜨기 1코 늘려뜨기) 2번 뜨기 |
| 6단 | 18코 | (+×7, ⬇×1)×2<br>(짧은뜨기 7코, 짧은뜨기 1코 늘려뜨기) 2번 뜨기 |
| 7단 | 20코 | (+×8, ⬇×1)×2<br>(짧은뜨기 8코, 짧은뜨기 1코 늘려뜨기) 2번 뜨기 |
| 8단 | 22코 | (+×9, ⬇×1)×2<br>(짧은뜨기 9코, 짧은뜨기 1코 늘려뜨기) 2번 뜨기 |
| 9단 | 24코 | (+×10, ⬇×1)×2<br>(짧은뜨기 10코, 짧은뜨기 1코 늘려뜨기) 2번 뜨기 |
| 10단 | 26코 | (+×11, ⬇×1)×2<br>(짧은뜨기 11코, 짧은뜨기 1코 늘려뜨기) 2번 뜨기 |
| 11단 | 28코 | (+×12, ⬇×1)×2<br>(짧은뜨기 12코, 짧은뜨기 1코 늘려뜨기) 2번 뜨기 |
| 12단 | 30코 | (+×13, ⬇×1)×2<br>(짧은뜨기 13코, 짧은뜨기 1코 늘려뜨기) 2번 뜨기 |
| 13단 | 32코 | (+×14, ⬇×1)×2<br>(짧은뜨기 14코, 짧은뜨기 1코 늘려뜨기) 2번 뜨기 |
| 14단 | 34코 | (+×15, ⬇×1)×2<br>(짧은뜨기 15코, 짧은뜨기 1코 늘려뜨기) 2번 뜨기 |
| 15단 | 36코 | (+×16, ⬇×1)×2<br>(짧은뜨기 16코, 짧은뜨기 1코 늘려뜨기) 2번 뜨기 |
| 16단 | 38코 | (+×17, ⬇×1)×2<br>(짧은뜨기 17코, 짧은뜨기 1코 늘려뜨기) 2번 뜨기 |

| 단 | 콧수 | 설명 |
|---|---|---|
| 17단 | 40코 | (+×18, ✧×1)×2<br>(짧은뜨기 18코, 짧은뜨기 1코 늘려뜨기) 2번 뜨기 |
| 18단 | 42코 | (+×19, ✧×1)×2<br>(짧은뜨기 19코, 짧은뜨기 1코 늘려뜨기) 2번 뜨기 |
| 19단 | 44코 | (+×20, ✧×1)×2<br>(짧은뜨기 20코, 짧은뜨기 1코 늘려뜨기) 2번 뜨기 |
| 20단 | 46코 | (+×21, ✧×1)×2<br>(짧은뜨기 21코, 짧은뜨기 1코 늘려뜨기) 2번 뜨기 |
| 21단 | 48코 | (+×22, ✧×1)×2<br>(짧은뜨기 22코, 짧은뜨기 1코 늘려뜨기) 2번 뜨기 |
| 22~24단<br>(총 3단) | 48코 | {+×48}×3단<br>코늘림 없이 짧은뜨기 3단 뜨기 |

19번째 단에 눈을 고정하며 눈과 눈 사이를 3코 띄웁니다. 솜을 채우고 작업을 진행하면서 적당히 솜을 더 넣습니다.

| 단 | 콧수 | 설명 |
|---|---|---|
| 25단 | 40코 | (+×4, ⚘×1)×8<br>(짧은뜨기 4코, 짧은뜨기 2코 모아뜨기) 8번 뜨기 |
| 26단 | 32코 | (+×3, ⚘×1)×8<br>(짧은뜨기 3코, 짧은뜨기 2코 모아뜨기) 8번 뜨기 |
| 27단 | 24코 | (+×2, ⚘×1)×8<br>(짧은뜨기 2코, 짧은뜨기 2코 모아뜨기) 8번 뜨기 |
| 28단 | 16코 | (+×1, ⚘×1)×8<br>(짧은뜨기 1코, 짧은뜨기 2코 모아뜨기) 8번 뜨기 |
| 29단 | 8코 | ⚘×8<br>(짧은뜨기 2코 모아뜨기) 8번 뜨기 |
| 30단 | 4코 | ⚘×4<br>① (짧은뜨기 2코 모아뜨기) 4번 뜨기<br>② 실을 자르고 마무리하기 |

❷ 마지막 단의 코 사이사이로 실을 통과시킨 후 당겨서 머리의 입구를 조이고 실을 정리합니다.

## 몸통 만들기

연회색 실(실 A)로 사슬뜨기 47코 뜬 후 단뜨기로 이어 뜹니다.

| 단수 | 콧수 | 설명 |
|---|---|---|
| 1단~4단<br>(총 4단) | 47코 | {◯×1, +×47}×4단<br>{사슬뜨기(기둥코) 1코, 짧은뜨기 47코} 4단 뜨기 |
| 5단 | 46코 | ◯×1, ⚘×1, +×45<br>사슬뜨기(기둥코) 1코, 짧은뜨기 2코 모아뜨기, 짧은뜨기 45코 |
| 6단 | 45코 | ◯×1, ⚘×1, +×44코<br>사슬뜨기(기둥코) 1코, 짧은뜨기 2코 모아뜨기, 짧은뜨기 44코 |
| 7~8단<br>(총 2단) | 45코 | {◯×1, +×45}×2단<br>{사슬뜨기(기둥코) 1코, 짧은뜨기 45코} 2단 뜨기 |
| 9단 | 44코 | ◯×1, ⚘×1, +×43<br>사슬뜨기(기둥코) 1코, 짧은뜨기 2코 모아뜨기, 짧은뜨기 43코 |
| 10단 | 43코 | ◯×1, ⚘×1, +×42코<br>사슬뜨기(기둥코) 1코, 짧은뜨기 2코 모아뜨기, 짧은뜨기 42코 |
| 11~12단<br>(총 2단) | 43코 | {◯×1, +×43}×2단<br>{사슬뜨기(기둥코) 1코, 짧은뜨기 45코} 2단 뜨기 |
| 13단 | 42코 | ◯×1, ⚘×1, +×41코<br>사슬뜨기(기둥코) 1코, 짧은뜨기 2코 모아뜨기, 짧은뜨기 41코 |
| 14단 | 41코 | ◯×1, ⚘×1, +×40코<br>사슬뜨기(기둥코) 1코, 짧은뜨기 2코 모아뜨기, 짧은뜨기 40코 |
| 15~16단<br>(총 2단) | 41코 | {◯×1, +×41}×2단<br>{사슬뜨기(기둥코) 1코, 짧은뜨기 41코} 2단 뜨기 |
| 17단 | 40코 | ◯×1, ⚘×1, +×39<br>사슬뜨기(기둥코) 1코, 짧은뜨기 2코 모아뜨기, 짧은뜨기 39코 |
| 18단 | 39코 | ◯×1, ⚘×1, +×38<br>사슬뜨기(기둥코) 1코, 짧은뜨기 2코 모아뜨기, 짧은뜨기 38코 |
| 19단 | 38코 | ◯×1, ⚘×1, +×37<br>사슬뜨기(기둥코) 1코, 짧은뜨기 2코 모아뜨기, 짧은뜨기 37코 |
| 20단 | 37코 | ◯×1, ⚘×1, +×36<br>사슬뜨기(기둥코) 1코, 짧은뜨기 2코 모아뜨기, 짧은뜨기 36코 |
| 21단 | 36코 | ◯×1, ⚘×1, +×35<br>사슬뜨기(기둥코) 1코, 짧은뜨기 2코 모아뜨기, 짧은뜨기 35코 |
| 22단 | 35코 | ◯×1, ⚘×1, +×34<br>사슬뜨기(기둥코) 1코, 짧은뜨기 2코 모아뜨기, 짧은뜨기 34코 |

| 단수 | 콧수 | 설명 |
|---|---|---|
| 23단 | 34코 | ○×1, ♠×1, ✚×33<br>사슬뜨기(기둥코) 1코, 짧은뜨기 2코 모아뜨기, 짧은뜨기 33코 |
| 24단 | 33코 | ○×1, ♠×1, ✚×32<br>사슬뜨기(기둥코) 1코, 짧은뜨기 2코 모아뜨기, 짧은뜨기 32코 |
| 25단 | 32코 | ○×1, ♠×1, ✚×31<br>사슬뜨기(기둥코) 1코, 짧은뜨기 2코 모아뜨기, 짧은뜨기 31코 |
| 26단 | 31코 | ○×1, ♠×1, ✚×30<br>사슬뜨기(기둥코) 1코, 짧은뜨기 2코 모아뜨기, 짧은뜨기 30코 |
| 27단 | 30코 | ○×1, ♠×1, ✚×29<br>사슬뜨기(기둥코) 1코, 짧은뜨기 2코 모아뜨기, 짧은뜨기 29코 |
| 28단 | 29코 | ○×1, ♠×1, ✚×28<br>사슬뜨기(기둥코) 1코, 짧은뜨기 2코 모아뜨기, 짧은뜨기 28코 |
| 29단 | 28코 | ○×1, ♠×1, ✚×27<br>사슬뜨기(기둥코) 1코, 짧은뜨기 2코 모아뜨기, 짧은뜨기 27코 |
| 30단 | 27코 | ○×1, ♠×1, ✚×26<br>① 사슬뜨기(기둥코) 1코, 짧은뜨기 2코 모아뜨기, 짧은뜨기 26코<br>② 실을 자르고 마무리하기 |

## 바닥 만들기

연회색 실(실 A)로 원형 고리를 만듭니다. 나선형으로 돌리며 작업합니다.

| 단수 | 콧수 | 설명 |
|---|---|---|
| 1단 | 8코 | ✚×8<br>실로 고리를 만들어 짧은뜨기 8코 뜨기 |
| 2단 | 16코 | ⇩×8<br>(짧은뜨기 1코 늘려뜨기) 8번 뜨기 |
| 3단 | 24코 | (✚×1, ⇩×1)×8<br>(짧은뜨기 1코, 짧은뜨기 1코 늘려뜨기) 8번 뜨기 |
| 4단 | 32코 | (✚×2, ⇩×1)×8<br>(짧은뜨기 2코, 짧은뜨기 1코 늘려뜨기) 8번 뜨기 |
| 5단 | 40코 | (✚×3, ⇩×1)×8<br>(짧은뜨기 3코, 짧은뜨기 1코 늘려뜨기) 8번 뜨기 |
| 6단 | 48코 | (✚×4, ⇩×1)×8<br>(짧은뜨기 4코, 짧은뜨기 1코 늘려뜨기) 8번 뜨기 |
| 7~9단<br>(총 3단) | 48코 | {✚×48}×3단, ●×1<br>① 코늘림 없이 짧은뜨기 3단 뜨기<br>② 마지막에 빼뜨기 1코 후 실을 자르고 마무리하기 |

## 팔 만들기(×2)

진회색 실(실 B)로 원형 고리를 만듭니다. 나선형으로 돌리며 작업합니다.

| 단수 | 콧수 | 색상 | 설명 |
|---|---|---|---|
| 1단 | 6코 | 진회색 | ✚×6<br>실로 고리를 만들어 짧은뜨기 6코 뜨기 |
| 2단 | 12코 | 진회색 | ⇩×6<br>(짧은뜨기 1코 늘려뜨기) 6번 뜨기 |
| 3~10단<br>(총 8단) | 12코 | | {✚×12}×8단<br>코늘림 없이 짧은뜨기로 8단 뜨기 |
| 11~<br>38단<br>(총 28단) | 12코 | 회색 | {✚×12}×28단, ●×1<br>① 코늘림 없이 짧은뜨기로 28단 뜨기<br>② 마지막에 빼뜨기 1코 후 실을 자르고 마무리하기 |

## 다리 만들기(×2)

진회색 실(실 B)로 원형 고리를 만듭니다. 나선형으로 돌리며 작업합니다.

| 단수 | 콧수 | 색상 | 설명 |
|---|---|---|---|
| 1단 | 16코 | 진회색 | ✚×16<br>실로 고리를 만들어 짧은뜨기 16코 뜨기 |
| 2~14단<br>(총 13단) | 16코 | | {✚×16}×13단<br>코늘림 없이 짧은뜨기로 13단 뜨기 |
| 15~<br>32단<br>(총 18단) | 16코 | 회색 | {✚×16}×18단, ●×1<br>① 코늘림 없이 짧은뜨기로 18단 뜨기<br>② 마지막에 빼뜨기 1코 후 실을 자르고 마무리하기 |

## 꼬리 만들기

p.46의 너구리 꼬리 만들기와 같은 방법으로 만듭니다.

❶ 진회색 실(실 B)로 원형 고리를 만들고 처음 16단을 뜹니다.

❷ 17번째 단에서 연회색 실(실 A)로 바꿔 계속 뜹니다.

## 귀 만들기(×2)

❶ 회색 실(실 A)로 사슬뜨기 11코를 뜬 후 단뜨기로 진행합니다.

| 단수 | 콧수 | 설명 |
|---|---|---|
| 1단 | 11코 | ◯×1, ✚×11<br>사슬뜨기(기둥코) 1코, 짧은뜨기 11코 |
| 2단 | 10코 | ◯×1, ⬆×1, ✚×9<br>사슬뜨기(기둥코) 1코, 짧은뜨기 2코 모아뜨기, 짧은뜨기 9코 |
| 3단 | 9코 | ◯×1, ⬆×1, ✚×8<br>사슬뜨기(기둥코) 1코, 짧은뜨기 2코 모아뜨기, 짧은뜨기 8코 |
| 4단 | 8코 | ◯×1, ⬆×1, ✚×7<br>사슬뜨기(기둥코) 1코, 짧은뜨기 2코 모아뜨기, 짧은뜨기 7코 |
| 5단 | 7코 | ◯×1, ⬆×1, ✚×6<br>사슬뜨기(기둥코) 1코, 짧은뜨기 2코 모아뜨기, 짧은뜨기 6코 |
| 6단 | 6코 | ◯×1, ⬆×1, ✚×5<br>사슬뜨기(기둥코) 1코, 짧은뜨기 2코 모아뜨기, 짧은뜨기 5코 |
| 7단 | 5코 | ◯×1, ⬆×1, ✚×4<br>사슬뜨기(기둥코) 1코, 짧은뜨기 2코 모아뜨기, 짧은뜨기 4코 |
| 8단 | 4코 | ◯×1, ⬆×1, ✚×3<br>사슬뜨기(기둥코) 1코, 짧은뜨기 2코 모아뜨기, 짧은뜨기 3코 |
| 9단 | 2코 | ◯×1, ⬆×2<br>사슬뜨기(기둥코) 1코, (짧은뜨기 2코 모아뜨기) 2번 뜨기 |
| 10단 | 1코 | ◯×1, ⬆×1<br>① 사슬뜨기(기둥코) 1코, 짧은뜨기 2코 모아뜨기<br>② 실을 자르고 마무리하기 |

❷ 진회색 실(실 B)로 귀를 한 장 더 뜹니다.

## 연결하기

❶ 남은 실은 안쪽으로 넣어 정리합니다.

❷ 몸통의 시접 사이에 지퍼를 놓습니다.

❸ 몸통의 첫 번째 단을 바닥 테두리에 답니다.

❹ 지퍼가 앞판의 중앙에 오도록 놓고 몸통의 마지막 단과 머리를 연결합니다.

❺ 팔과 다리에 솜을 채웁니다.

❻ 팔을 머리통 바로 아래, 몸통의 양쪽에 답니다.

❼ 바닥의 앞쪽에는 다리를 뒤쪽에는 꼬리를 답니다.

❽ 귀를 만들기 위해서는 진회색 실로 뜬 귀를 연회색 실로 뜬 귀에 먼저 단 후 귀를 머리에 고정합니다. 반대쪽 귀도 같은 방법으로 작업합니다. 이때 귀와 귀 사이를 7코 띄웁니다.

❾ 양모펠트와 펠트용 바늘로 코를 만듭니다. 머리의 1단~4단을 검은색 양모펠트로 덮어서 코 모양을 만듭니다. (p.12 참고)

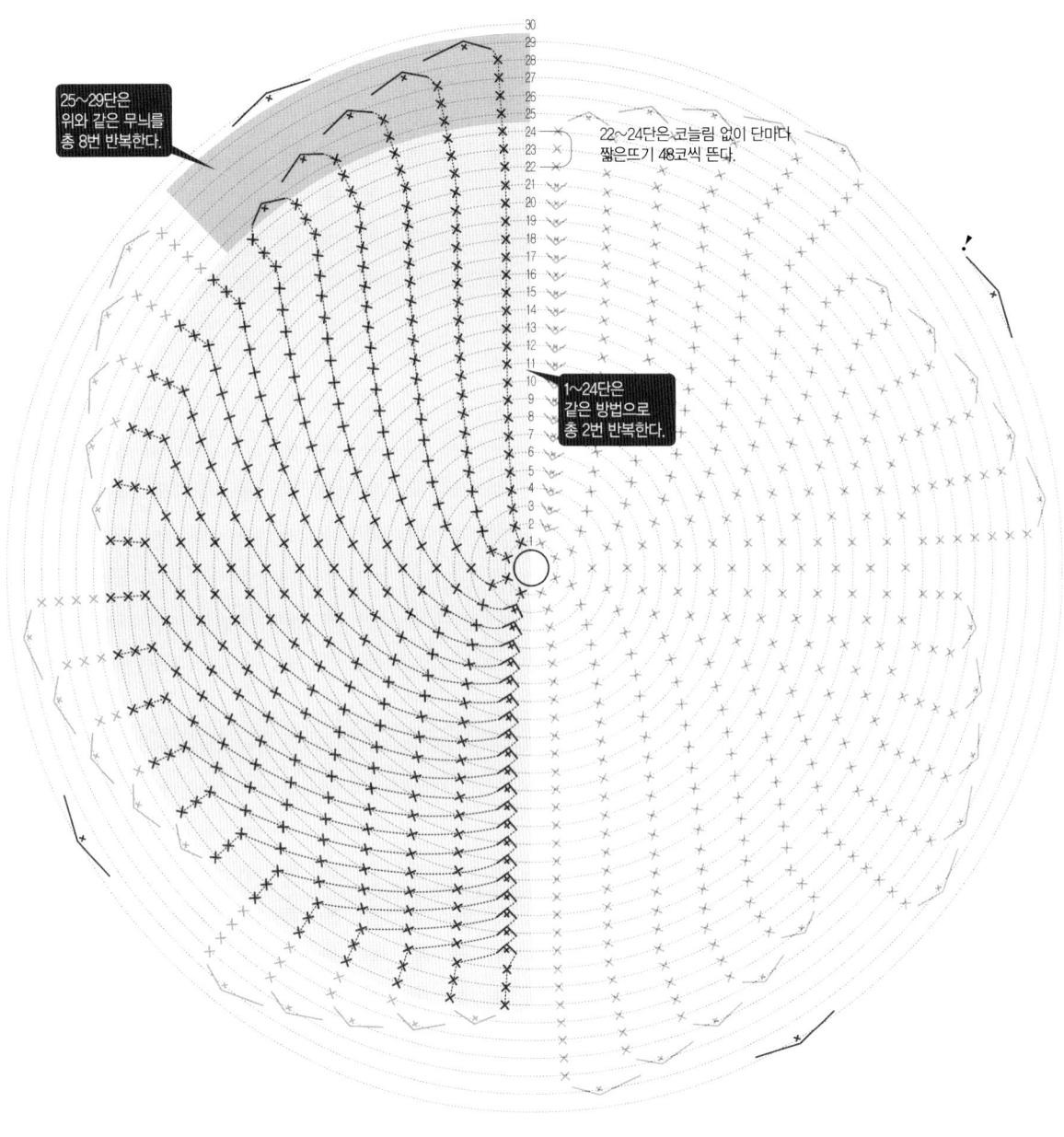

〈늑대 머리〉

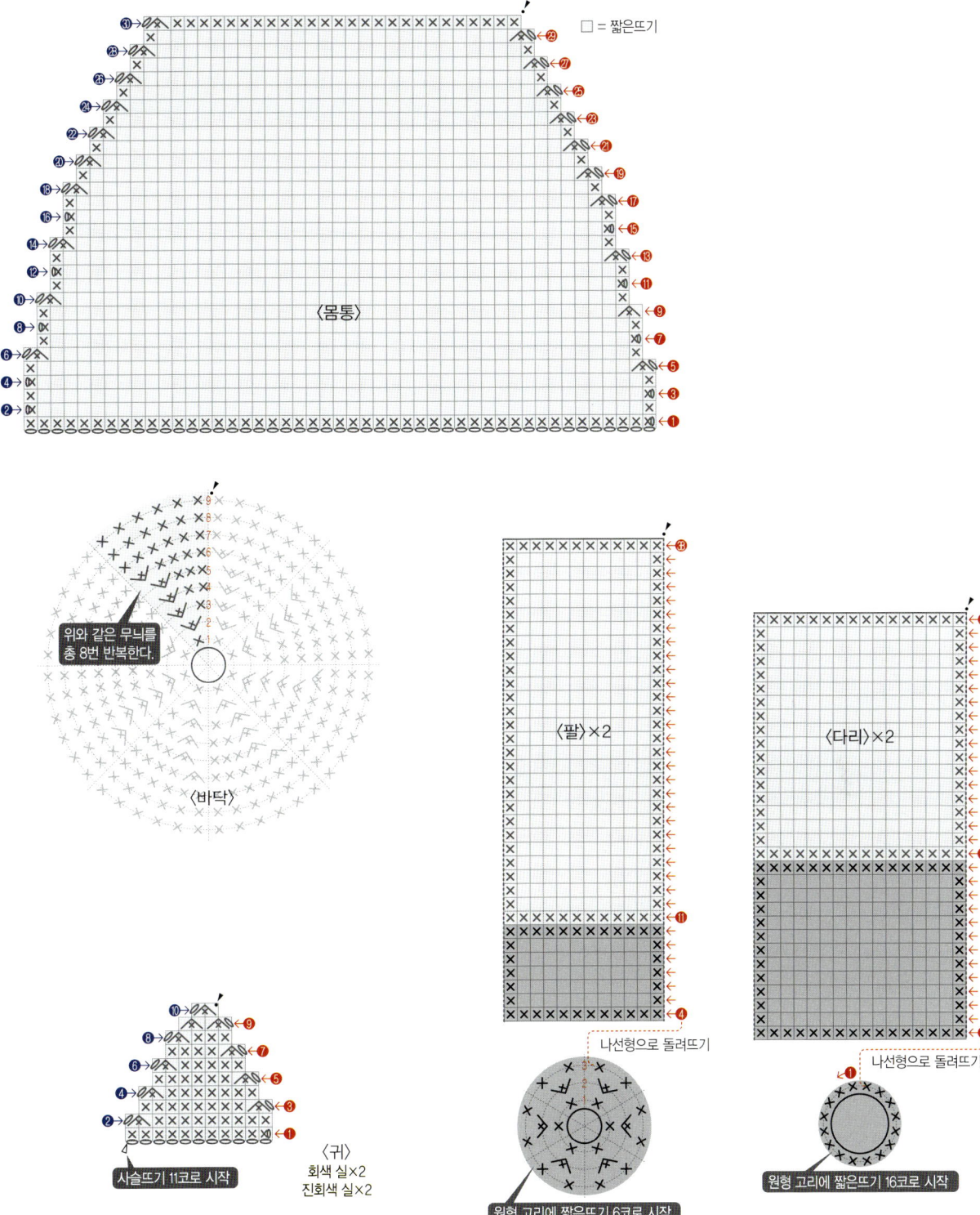

# Les amoureux

연인

## Pose de star !
연예인 포즈!

## Ma casquette pour l'été
나의 여름 모자

*L'artiste-peintre*　화가

*Accords parfaits*　완벽한 조화

79

# Le koala
코알라

| 단수 | 콧수 | 설명 |
|---|---|---|
| 3단 | 14코 | ✚×2, ⬇×2, ✚×3, ⬇×2, ✚×1<br>짧은뜨기 2코, 짧은뜨기 1코 늘려뜨기 2코, 짧은뜨기 3코, 짧은뜨기 1코 늘려뜨기 3코, 짧은뜨기 1코 |
| 4단 | 18코 | ✚×3, ⬇×2, ✚×5, ⬇×2, ✚×2<br>짧은뜨기 3코, 짧은뜨기 1코 늘려뜨기 2코, 짧은뜨기 5코, 짧은뜨기 1코 늘려뜨기 2코, 짧은뜨기 2코 |
| 5단 | 22코 | ✚×4, ⬇×2, ✚×7, ⬇×2, ✚×3<br>짧은뜨기 4코, 짧은뜨기 1코 늘려뜨기 2코, 짧은뜨기 7코, 짧은뜨기 1코 늘려뜨기 2코, 짧은뜨기 3코 |
| 6단 | 22코 | ✚×22, ⬯×1<br>① 짧은뜨기 22코<br>② 마지막에 빼뜨기 1코 후 실을 자르고 마무리하기 |

## *Le koala* 코알라

### 코알라 준비물

- 실 : 모 40%, 아크릴 40%, 모헤어 20%로 구성된 코바늘 4mm(7호)에 알맞은 굵기의 실. 회색 실(실 A) 2볼
- 실 : 아크릴 100%로 구성된 코바늘 3.5mm(6호)에 알맞은 굵기의 실. 검은색 실(실 B) 1볼
- 인형 눈 : 지름 1cm의 검은색 구슬 눈 2개
- 장난감용 구름솜
- 코바늘 3.0mm(5호)
- 가위, 돗바늘

### 머리, 다리, 몸통, 팔 만들기

회색 실(실 A)로 p.20~21의 설명처럼 뜹니다.

### 주둥이 만들기

검은색 실(실 B)로 사슬뜨기 2코를 뜹니다. 나선형으로 돌리며 작업합니다.

| 단수 | 콧수 | 설명 |
|---|---|---|
| 1단 | 6코 | ① ⬯×1, ✚×1, ⬇×1<br>사슬뜨기(기둥코) 1코, 짧은뜨기 1코, 마지막 1코에 짧은뜨기 1코 늘려뜨기<br>② 편물을 아래로 돌려 사슬뜨기 아래 반코에 바늘을 넣어 진행<br>③ ✚×1, ⬇×1<br>짧은뜨기 1코 뜨기, 마지막 1코에 짧은뜨기 1코 늘려뜨기 |
| 2단 | 10코 | (✚×1, ⬇×2)×2<br>(짧은뜨기 1코, 짧은뜨기 1코 늘려뜨기 2코) 2번 뜨기 |

### 귀 만들기(×2)

회색 실(실 A)로 원형 고리를 만듭니다. 나선형으로 돌리며 작업합니다.

| 단수 | 콧수 | 설명 |
|---|---|---|
| 1단 | 8코 | ✚×8<br>실로 고리를 만들어 짧은뜨기 8코 뜨기 |
| 2단 | 16코 | ⬇×8<br>(짧은뜨기 1코 늘려뜨기) 8번 뜨기 |
| 3단 | 24코 | (✚×1, ⬇×1)×8<br>(짧은뜨기 1코, 짧은뜨기 1코 늘려뜨기) 8번 뜨기 |
| 4단 | 32코 | (✚×2, ⬇×1)×8<br>(짧은뜨기 2코, 짧은뜨기 1코 늘려뜨기) 8번 뜨기 |
| 5~10단 (총 6단) | 32코 | {✚×32}×6단, ⬯×1<br>① 코늘림 없이 짧은뜨기로 6단 뜨기<br>② 마지막에 빼뜨기 1코 후 실을 자르고 마무리하기 |

### 연결하기

p.21에서 설명한 방법처럼 연결합니다.

❶ 머리의 11번째 단에 눈을 고정하며 눈과 눈 사이를 10코 띄웁니다.

❷ 주둥이에 솜을 채운 후 눈 아래에 답니다.

❸ 귀의 아랫부분을 둥글게 오므린 후 머리 위쪽에 답니다.

### 세일러복 준비물

- 실 : 아크릴 100%로 구성된 코바늘 3.5mm(6호)에 알맞은 굵기의 실. 옥색 실 1볼(실 A) 1볼, 아이보리색 실(실 B) 1볼, 남색 실(실 C) 1볼, 빨간색 실(실 D) 1볼, 노란색 실(실 E) 1볼
- 지름 1cm의 스냅단추 3개, 지름 1cm의 단추 1개
- 코바늘 3.0mm(5호)
- 돗바늘, 바느질 도구, 재봉실

### 상의 만들기

옥색 실(실 A)로 사슬뜨기 42코 뜬 후 단뜨기로 진행합니다.

| 단수 | 콧수 | 색상 | 설명 |
|---|---|---|---|
| ❶ 아래판 | | | |
| 1~2단<br>(총 2단)<br>(1단이 겉면) | 42코 | 옥색 | {◯×1, ✚×42}×2단<br>{사슬뜨기(기둥코) 1코, 짧은뜨기 42코} 2단 뜨기 |
| 3~4단<br>(총 2단) | 42코 | 아이<br>보리색 | {◯×1, ✚×42}×2단<br>{사슬뜨기(기둥코) 1코, 짧은뜨기 42코} 2단 뜨기 |
| 5~6단<br>(총 2단) | 42코 | 옥색 | {◯×1, ✚×42}×2단<br>{사슬뜨기(기둥코) 1코, 짧은뜨기 42코} 2단 뜨기 |
| 7~8단<br>(총 2단) | 42코 | 아이<br>보리색 | {◯×1, ✚×42}×2단<br>{사슬뜨기(기둥코) 1코, 짧은뜨기 42코} 2단 뜨기 |
| 9~10단<br>(총 2단) | 42코 | 옥색 | {◯×1, ✚×42}×2단<br>{사슬뜨기(기둥코) 1코, 짧은뜨기 42코} 2단 뜨기 |
| 11~12단<br>(총 2단) | 42코 | 아이<br>보리색 | {◯×1, ✚×42}×2단<br>{사슬뜨기(기둥코) 1코, 짧은뜨기 42코} 2단 뜨기 |
| 13~14단<br>(총 2단) | 42코 | 옥색 | {◯×1, ✚×42}×2단<br>{사슬뜨기(기둥코) 1코, 짧은뜨기 42코} 2단 뜨기 |
| ❷ 왼쪽 뒤판 | | | |
| 15~16단<br>(총 2단) | 10코 | 아이<br>보리색 | {◯×1, ✚×10}×2단<br>{사슬뜨기(기둥코) 1코, 짧은뜨기 10코 뜨고 편물을 뒤로 돌리기} 2단 뜨기 |
| 17~18단<br>(총 2단) | 10코 | 옥색 | {◯×1, ✚×10}×2단<br>{사슬뜨기(기둥코) 1코, 짧은뜨기 10코} 2단 뜨기 |
| 19~20단<br>(총 2단) | 10코 | 아이<br>보리색 | {◯×1, ✚×10}×2단<br>{사슬뜨기(기둥코) 1코, 짧은뜨기 10코} 2단 뜨기 |
| 21~22단<br>(총 2단) | 10코 | 옥색 | {◯×1, ✚×10}×2단<br>① {사슬뜨기(기둥코) 1코, 짧은뜨기 10코} 2단 뜨기<br>② 실을 자르고 마무리하기 |

❸ 앞판

겉면에서 14번째 단의 12번째 코에 아이보리색 실을 걸고 단뜨기로 뜹니다.

| 단수 | 콧수 | 색상 | 설명 |
|---|---|---|---|
| 15단 | 20코 | 아이<br>보리색 | ◯×1, ✚×20<br>사슬뜨기(기둥코) 1코, 실을 건 코에 바늘 넣어 짧은뜨기 1코, 이어서 짧은뜨기 19코 뜨고 편물을 뒤로 돌리기 |
| 16단 | 20코 | 아이<br>보리색 | ◯×1, ✚×20<br>사슬뜨기(기둥코) 1코, 짧은뜨기 20코 뜨고 편물을 뒤로 돌리기 |
| 17~18단<br>(총 2단) | 20코 | 옥색 | {◯×1, ✚×20}×2단<br>{사슬뜨기(기둥코) 1코, 짧은뜨기 20코 뜨고 편물을 뒤로 돌리기} 2단 뜨기 |
| 19~20단<br>(총 2단) | 20코 | 아이<br>보리색 | {◯×1, ✚×20}×2단<br>{사슬뜨기(기둥코) 1코, 짧은뜨기 20코 뜨고 편물을 뒤로 돌리기} 2단 뜨기 |
| 21단 | 10코 | 옥색 | ✥×10<br>(짧은뜨기 2코 모아뜨기) 10번 뜨기 |
| 22단 | 10코 | 옥색 | ◯×1, ✚×10<br>① 사슬뜨기(기둥코) 1코, 짧은뜨기 10코 뜨기<br>② 실을 자르고 마무리하기 |

❹ 오른쪽 뒤판

겉면에서 14번째 단의 33번째 코에 아이보리색 실을 걸고 단뜨기로 뜹니다.

| 단수 | 콧수 | 색상 | 설명 |
|---|---|---|---|
| 15단 | 10코 | 아이<br>보리색 | ◯×1, ✚×10<br>사슬뜨기(기둥코) 1코, 실을 건 코에 바늘 넣어 짧은뜨기 1코, 이어서 짧은뜨기 9코 뜨고 편물을 뒤로 돌리기 |
| 16단 | 10코 | 아이<br>보리색 | ◯×1, ✚×10<br>사슬뜨기(기둥코) 1코, 짧은뜨기 9코 뜨고 편물을 뒤로 돌리기 |
| 17~18단<br>(총 2단) | 10코 | 옥색 | {◯×1, ✚×10}×2단<br>{사슬뜨기(기둥코) 1코, 짧은뜨기 10코 뜨고 편물을 뒤로 돌리기} 2단 뜨기 |
| 19~20단<br>(총 2단) | 10코 | 아이<br>보리색 | {◯×1, ✚×10}×2단<br>{사슬뜨기(기둥코) 1코, 짧은뜨기 10코 뜨고 편물을 뒤로 돌리기} 2단 뜨기 |

| 단 | 코 | 색 | 설명 |
|---|---|---|---|
| 21~22단<br>(총 2단) | 10코 | 옥색 | {◯×1, ✚×10}×2단<br>① {사슬뜨기(기둥코) 1코, 짧은뜨기 10코 뜨고 편물을 뒤로 돌리기} 2단 뜨기<br>② 실을 자르고 마무리하기 |

앞판과 뒤판의 양쪽 어깨를 3코씩 연결합니다.

### ❺ 왼쪽 소매

겉면에서 왼쪽 진동 둘레의 아랫부분에 남아있는 짧은뜨기 1코에 아이보리색 실을 걸고 진동 둘레에서 나선형으로 돌려가며 뜹니다.

| 단 | 코 | 색 | 설명 |
|---|---|---|---|
| 1단 | 17코 | 아이보리색 | ◯×1, ✚×17<br>사슬뜨기(기둥코) 1코, 실을 건 코에 바늘 넣어 짧은뜨기 1코, 이어서 앞판의 옆선에 짧은뜨기 8코, 왼쪽 뒤판의 옆선에 짧은뜨기 8코 |
| 2단 | 17코 |  | ✚×17<br>짧은뜨기 17코 |
| 3~4단<br>(총 2단) | 17코 | 옥색 | {✚×17}×2단<br>코늘림 없이 짧은뜨기로 2단 돌려 뜨기 |
| 5~6단<br>(총 2단) | 17코 | 아이보리색 | {✚×17}×2단<br>코늘림 없이 짧은뜨기로 2단 돌려 뜨기 |
| 7~16단<br>(총 10단) | 17코 | 옥색~아이보리색 | {✚×17}×10단, ◯×1<br>① 코늘림 없이 짧은뜨기로 돌려 뜨며 옥색 2단→아이보리 2단→옥색 2단→아이보리 2단→옥색 2단의 순서로 실 색상을 바꾸며 뜨기<br>② 마지막에 빼뜨기 1코 후 실을 자르고 마무리하기 |

### ❻ 오른쪽 소매

왼쪽 소매와 같은 방법으로 뜹니다. (1단에서는 오른쪽 뒤판의 옆선에 짧은뜨기 한 후 앞판의 옆선으로 진행합니다.)

## 마무리하기

❶ 남은 실은 안쪽으로 넣어 정리합니다.
❷ 뒤판 3번째 단, 11번째 단, 19번째 단에 스냅단추를 답니다.

## 바지 만들기

❶ 남색 실(실 C)로 p.56에 있는 여우 바지 만들기와 같은 방

법으로 뜹니다.
❷ 바지의 아랫단을 4단 접습니다.

## 스카프 만들기

❶ 빨간색 실로 사슬뜨기 70코를 뜹니다.
❷ 사슬뜨기(기둥코) 1코, 짧은뜨기 70코를 뜹니다.
❸ 실을 자르고 마무리합니다.
❸ 남은 실은 안쪽으로 넣어 정리합니다.

## 부츠 만들기

❶ 노란색 실(실 E)로 p.22의 설명처럼 뜹니다.
❷ 아이보리색 실(실 B)로 신발 바닥의 7번째 단에 남아있는 앞쪽 반 코에 바늘 넣어 빼뜨기로 1단 돌려 뜹니다.

> **응용하기 Tip**
> 
> 코알라의 바지 뒷부분에는 트임이 있습니다. 트임이 없는 바지를 뜨고 싶다면 각각 다리는 19단씩 돌려 뜬 후 바지 윗부분은 p.106의 '정육점 주인 돼지의 바지' 설명을 따라 뜨면 됩니다.

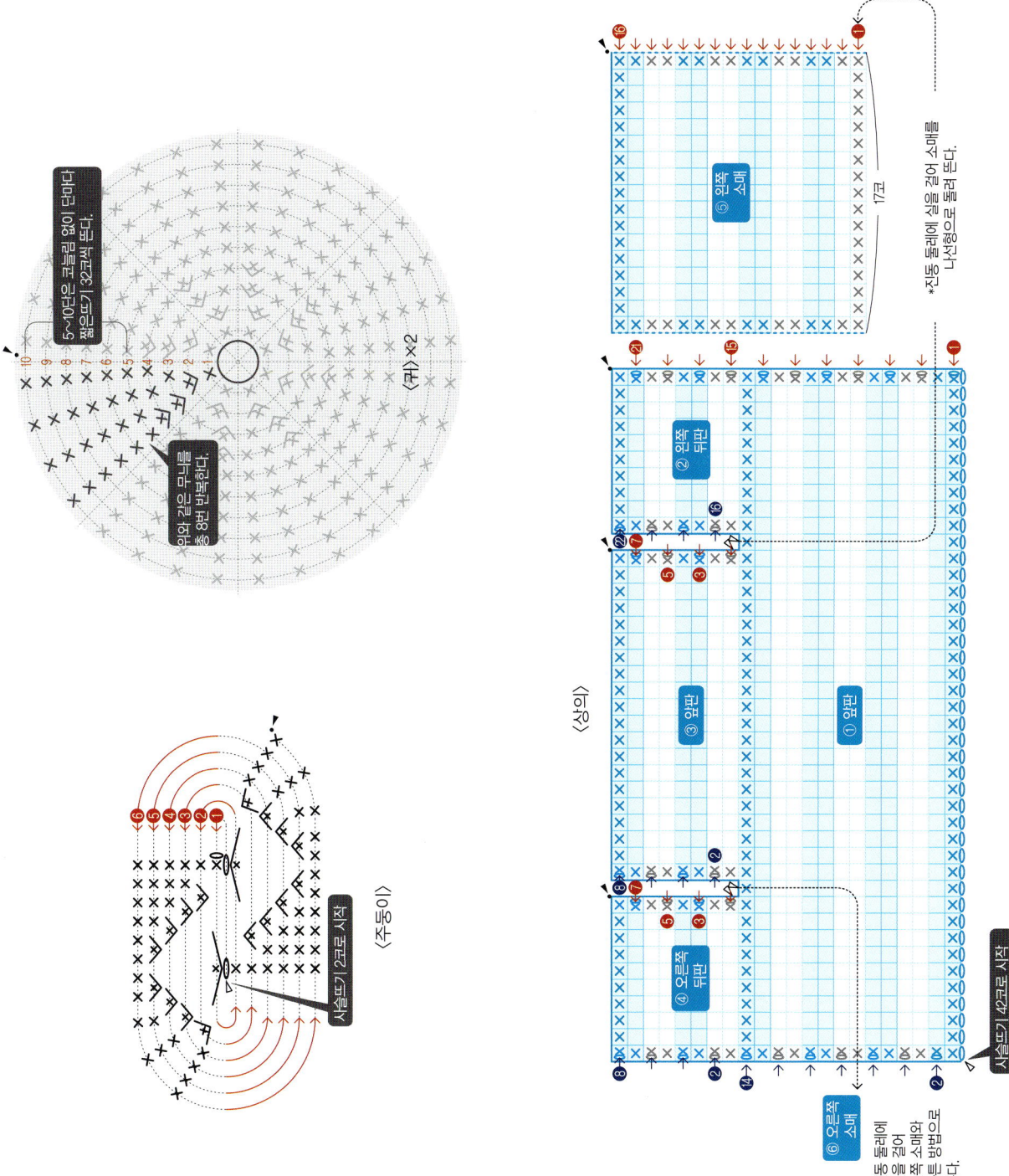

## Le panda 판다

### 판다 준비물

- 실 : 모 40%, 아크릴 40%, 모헤어 20%로 구성된 코바늘 4mm(7호)에 알맞은 굵기의 실. 크림색 실(실 A) 2볼
- 실 : 아크릴 100%로 구성된 코바늘 3.5mm(6호)에 알맞은 굵기의 실. 검은색 실(실 B) 1볼
- 양모펠트 : 검은색
- 인형 눈 : 지름 1cm의 갈색 나사 눈 2개
- 장난감용 구름솜
- 코바늘 3.0mm(5호)
- 돗바늘, 펠트용 바늘

### 머리, 다리, 몸통, 팔 만들기

p.20~21의 설명처럼 뜹니다.

❶ 머리는 크림색 실로 뜹니다.

❷ 다리는 검은색 실로 뜨고, 몸통의 31단~48단은 크림색 실로 뜨다가 49단~52단은 검은색으로 떠서 마무리합니다.

❸ 팔은 검은색으로 뜹니다.

### 귀 만들기(×2)

검은색 실로 원형 고리를 만듭니다. 나선형으로 돌리며 작업합니다.

| 단수 | 콧수 | 설명 |
|---|---|---|
| 1단 | 8코 | ✚×8<br>실로 고리를 만들어 짧은뜨기 8코 뜨기 |
| 2단 | 16코 | ⬇×8<br>(짧은뜨기 1코 늘려뜨기) 8번 뜨기 |
| 3~8단<br>(총 6단) | 16코 | {✚×16}×6단, ◯×1<br>① 짧은뜨기 16코하여 6단 돌려뜨기<br>② 마지막에서 빼뜨기 1코 후 실을 자르고 마무리하기 |

### 연결하기

p.21에서 설명한 방법처럼 연결합니다.

❶ 얼굴에 눈을 고정하기 전에 양모펠트와 펠트용 바늘을 사용하여 세로로 긴 타원형 눈두덩을 2개 만듭니다. 눈두덩은 머리의 12번째 단에서 17번째 단 사이에 위치하며 타원의 너비는 4코가 되게 합니다. 2개의 눈두덩이 사이는 9코 띄웁니다.

❷ 눈두덩이 중앙에 눈을 고정합니다.

❸ 머리 위쪽에 귀를 답니다.

❹ 양모펠트를 공처럼 뭉쳐서 코를 만듭니다. 코를 눈보다 아래쪽으로 고정하고, 코 아래로 수직으로 내려오는 선을 한 줄 만듭니다. (p.12 참고)

### 의상 준비물

- 실 : 아크릴 100%로 구성된 코바늘 3.5mm(6호)에 알맞은 굵기의 실. 아이보리색 실(실 A) 1볼, 진분홍색 실(실 B) 1볼
- 지름 1cm의 스냅단추 4개
- 코바늘 3.0mm(5호)
- 돗바늘, 바느질 도구, 재봉실

### 원피스 만들기

| 단수 | 콧수 | 색상 | 설명 |
|---|---|---|---|
| ❶ 앞판의 소매&요크 | | | |
| 아이보리색 실(실 A)로 사슬뜨기 36코 뜨고 단뜨기로 이어 뜹니다. | | | |
| 1단<br>(겉면) | 36코 | 아이<br>보리색 | ◯×1, ✚×36<br>사슬뜨기(기둥코) 1코, 짧은뜨기 36코 |
| 2~3단<br>(총 2단) | 36코 | 진<br>분홍색 | {◯×1, ✚×36}×2단<br>{사슬뜨기(기둥코) 1코, 짧은뜨기 36코} 2단 뜨기 |
| 4~5단<br>(총 2단) | 36코 | 아이<br>보리색 | {◯×1, ✚×36}×2단<br>{사슬뜨기(기둥코) 1코, 짧은뜨기 36코} 2단 뜨기 |

| 단 | 코 | 색 | 설명 |
|---|---|---|---|
| 6단 | 36코 | 진분홍색 | ⊖×1, ✚×36<br>사슬뜨기(기둥코) 1코, 짧은뜨기 36코 |

**❷ 왼쪽 뒤판의 소매&요크**

| 단 | 코 | 색 | 설명 |
|---|---|---|---|
| 7단 | 20코 | 진분홍색 | ⊖×1, ✚×12, ⊖×6<br>사슬뜨기(기둥코) 1코, 짧은뜨기 12코, 사슬뜨기 6코 뜨고 편물을 뒤로 돌리기 |
| 8단 | 18코 | 아이보리색 | ⊖×1, ✚×18<br>사슬뜨기(기둥코) 1코, 6개의 사슬코마다 바늘 넣고 짧은뜨기 6코 뜨고, 짧은뜨기 12코 뜨고 편물을 뒤로 돌리기 |
| 9단 | 18코 | | ⊖×1, ✚×18<br>사슬뜨기(기둥코) 1코, 짧은뜨기 18코 |
| 10~11단<br>(총 2단) | 18코 | 진분홍색 | {⊖×1, ✚×18}×2단<br>{사슬뜨기(기둥코) 1코, 짧은뜨기 18코} 2단 뜨기 |
| 12~13단<br>(총 2단) | 18코 | 아이보리색 | {⊖×1, ✚×18}×2단<br>① {사슬뜨기(기둥코) 1코, 짧은뜨기 18코} 2단 뜨기<br>② 실을 자르고 마무리하기 |

**❸ 오른쪽 뒤판의 소매&요크**

진분홍색 실로 사슬뜨기 6코를 뜹니다.

| 단 | 코 | 색 | 설명 |
|---|---|---|---|
| 7단 | 18코 | 진분홍색 | ⊖×1, ✚×18<br>사슬뜨기(기둥코) 1코, 6개의 사슬코마다 바늘 넣어 짧은뜨기 6코 뜨고, 6번째 단(겉면)의 25번째 코에 바늘 넣어 짧은뜨기 1코, 이어서 짧은뜨기 11코 뜨고 편물을 뒤로 돌리기 |
| 8~9단<br>(총 2단) | 18코 | 아이보리색 | {⊖×1, ✚×18}×2단<br>{사슬뜨기(기둥코) 1코, 짧은뜨기 18코} 2단 뜨기 |
| 10~11단<br>(총 2단) | 18코 | 진분홍색 | {⊖×1, ✚×18}×2단<br>{사슬뜨기(기둥코) 1코, 짧은뜨기 18코} 2단 뜨기 |
| 12~13단<br>(총 2단) | 18코 | 아이보리색 | {⊖×1, ✚×18}×2단<br>{사슬뜨기(기둥코) 1코, 짧은뜨기 18코} 2단 뜨기 |

**❹ 소매 아랫부분 연결**

편물을 안쪽 면끼리 마주 보도록 반으로 접고 첫 번째 단과 13번째 단을 연결합니다.
1. 왼쪽 소매의 첫 번째 코에 아이보리색 실(실 A)을 걸고, 두 겹에 한 번에 바늘을 찔러 빼뜨기로 12코 뜹니다.
2. 실을 자르고 마무리합니다.
3. 오른쪽 소매가 오른쪽으로 오도록 편물을 뒤로 돌립니다.
4. 오른쪽 소매의 첫 번째 코에 아이보리색 실(실 A)을 걸고, 두 겹에 한 번에 바늘을 찔러 빼뜨기를 12코 뜹니다.
5. 실을 자르고 마무리합니다.

**❺ 아랫부분**

소매는 아래, 오른쪽 소매는 오른쪽으로 오도록 편물을 놓습니다. 겉면에서 오른쪽 뒤판의 소매&요크의 13번째 단의 첫 번째 코에 진분홍색 실(실 B)을 걸고 단뜨기로 진행합니다.

| 단 | 코 | 색 | 설명 |
|---|---|---|---|
| 1단<br>(겉면) | 26코 | 진분홍색 | ⊖×1, ✚×26<br>사슬뜨기(기둥코) 1코, 오른쪽 뒤판의 요크에 짧은뜨기 6코, 오른쪽 소매 연결 부위에 짧은뜨기 1코, 앞판 요크에 짧은뜨기 12코, 왼쪽 소매 연결부위에 짧은뜨기 1코, 왼쪽 뒤판 요크에 짧은뜨기 6코 뜨고 편물을 뒤로 돌리기 |
| 2단 | 26코 | | ⊖×1, ✚×26<br>사슬뜨기(기둥코) 1코, 짧은뜨기 26코 |
| 3단 | 30코 | 아이보리색 | ⊖×1, ✚×7, ⚓×1, ✚×10, ⚓×1, ✚×7<br>사슬뜨기(기둥코) 1코, 짧은뜨기 7코, 짧은뜨기 2코 늘려뜨기 1코, 짧은뜨기 10코, 짧은뜨기 2코 늘려뜨기 1코, 짧은뜨기 7코 |
| 4단 | 30코 | | ⊖×1, ✚×30<br>사슬뜨기(기둥코) 1코, 짧은뜨기 30코 |
| 5단 | 34코 | 진분홍색 | ⊖×1, ✚×8, ⚓×1, ✚×12, ⚓×1, ✚×8<br>사슬뜨기(기둥코) 1코, 짧은뜨기 8코, 짧은뜨기 2코 늘려뜨기 1코, 짧은뜨기 12코, 짧은뜨기 2코 늘려뜨기 1코, 짧은뜨기 8코 |
| 6단 | 34코 | | ⊖×1, ✚×34<br>사슬뜨기(기둥코) 1코, 짧은뜨기 34코 |
| 7단 | 38코 | 아이보리색 | ⊖×1, ✚×9, ⚓×1, ✚×14, ⚓×1, ✚×9<br>사슬뜨기(기둥코) 1코, 짧은뜨기 9코, 짧은뜨기 2코 늘려뜨기 1코, 짧은뜨기 14코, 짧은뜨기 2코 늘려뜨기 1코, 짧은뜨기 9코 |
| 8단 | 38코 | | ⊖×1, ✚×38<br>사슬뜨기(기둥코) 1코, 짧은뜨기 38코 |
| 9단 | 38코 | | ⊖×1, ✚×38<br>사슬뜨기(기둥코) 1코, 짧은뜨기 38코 |
| 10단 | 42코 | 진분홍색 | ⊖×1, ✚×10, ⚓×1, ✚×16, ⚓×1, ✚×10<br>사슬뜨기(기둥코) 1코, 짧은뜨기 10코, 짧은뜨기 2코 늘려뜨기 1코, 짧은뜨기 16코, 짧은뜨기 2코 늘려뜨기 1코, 짧은뜨기 10코 |
| 11~12단<br>(총 2단) | 42코 | 아이보리색 | {⊖×1, ✚×42}×2단<br>{사슬뜨기(기둥코) 1코, 짧은뜨기 42코} 2단 뜨기 |
| 13단 | 46코 | 진분홍색 | ⊖×1, ✚×11, ⚓×1, ✚×18, ⚓×1, ✚×11<br>사슬뜨기(기둥코) 1코, 짧은뜨기 11코, 짧은뜨기 2코 늘려뜨기 1코, 짧은뜨기 18코, 짧은뜨기 2코 늘려뜨기 1코, 짧은뜨기 11코 |

| 14단 | 46코 | 진<br>분홍색 | ◯×1, ✚×46<br>사슬뜨기(기둥코) 1코, 짧은뜨기<br>46코 |
|---|---|---|---|
| 15단 | 46코 | | ◯×1, ✚×46<br>사슬뜨기(기둥코) 1코, 짧은뜨기<br>46코 |
| 16단 | 50코 | 아이<br>보리색 | ◯×1, ✚×12, ⬇×1, ✚×20, ⬇<br>×1, ✚×12<br>사슬뜨기(기둥코) 1코, 짧은뜨기 12<br>코, 짧은뜨기 2코 늘려뜨기 1코, 짧<br>은뜨기 20코, 짧은뜨기 2코 늘려<br>뜨기 1코, 짧은뜨기 12코 |
| 17~<br>18단<br>(총 2단) | 50코 | 진<br>분홍색 | {◯×1, ✚×50}×2단<br>{사슬뜨기(기둥코) 1코, 짧은뜨기<br>50} 2단 뜨기 |
| 19단 | 54코 | 아이<br>보리색 | ◯×1, ✚×13, ⬇×1, ✚×22, ⬇<br>×1, ✚×13<br>사슬뜨기(기둥코) 1코, 짧은뜨기 13<br>코, 짧은뜨기 2코 늘려뜨기 1코, 짧<br>은뜨기 22코, 짧은뜨기 2코 늘려뜨<br>기 1코, 짧은뜨기 13코 뜨고 실 자<br>르지 않고 이어 뜨기 |

### ❻ 가장자리 뜨기

1. 편물을 돌려가며 다음과 같이 가장자리에 짧은뜨기로 한 바퀴 돌려 뜹니다. (=짧은뜨기 총 77코)
사슬뜨기(기둥코) 1코 뜬 후, 편물을 옆으로 돌려서 **아랫부분의 옆선** 19단에 짧은뜨기 19코→**왼쪽 뒤판 요크**의 옆선 7단에 짧은뜨기 7코→**왼쪽 뒤판**의 목둘레에 짧은뜨기 6코→**앞판**의 목둘레에 짧은뜨기 12코→**오른쪽 뒤판**의 목둘레에 짧은뜨기 6코→**오른쪽 뒤판 요크**의 옆선 7단에 짧은뜨기 7코→**아랫쪽 부분의** 옆선 처음 18단에 짧은뜨기 18코→마지막 짧은뜨기 1코 늘려뜨기 1코→빼뜨기 1코
2. 실을 자르고 마무리합니다.

### ❼ 왼쪽 칼라

겉면에서 왼쪽 뒤판의 목둘레 가장자리 첫 번째 코에 아이보리색 실(실 A)을 걸고 단뜨기로 뜹니다.

| 1~7단<br>(총 7단) | 12코 | 아이<br>보리색 | {◯×1, ✚×12}×7단<br>① {사슬뜨기(기둥코) 1코, 짧은뜨기 12코 뜨고 편물을 뒤로 돌리기}<br>×7단<br>② 실을 자르고 마무리하기 |
|---|---|---|---|

### ❽ 오른쪽 칼라

겉면에서 왼쪽 칼라 옆 코에 아이보리색 실(실 A)을 걸고 단뜨기로 뜹니다.
왼쪽 칼라와 같이 7단 뜬 후 실을 자르고 마무리합니다.

### ❾ 커프스

겉면에서 한쪽 소매 단에 아이보리색 실(실 A)을 걸고 나선형으로 돌려 뜹니다.

| 1단 | 15코 | 아이<br>보리색 | ◯×1, ⬇×1, ✚×13<br>사슬뜨기(기둥코) 1코, 빼뜨기한 곳에 바늘 넣어 짧은뜨기 1코 늘려뜨기 뜨기, 소매의 옆선 13단에 짧은뜨기 13코 |
|---|---|---|---|
| 2~15단<br>(총 14단) | 15코 | 아이<br>보리색 | {✚×15}×14단, ⬬×1<br>① 코늘림 없이 짧은뜨기로 14단 돌려뜨기<br>② 마지막에 빼뜨기 1코 후 실을 자르고 마무리하기 |

반대쪽 커프스도 위의 방법으로 뜹니다.

## 마무리하기

❶ 남은 실은 안쪽으로 넣어 정리합니다.
❷ 칼라는 바깥쪽으로 접은 후 칼라의 모퉁이를 몇 땀 꿰매서 옷에 고정합니다.
❸ 소맷부리를 반으로 접습니다.
❹ 원피스의 뒤판에 스냅단추를 답니다. 첫 번째 스냅단추는 칼라, 마지막 스냅단추는 원피스 아랫부분의 16번째 단에 달고, 그 사이에 일정한 간격을 띄워서 남은 스냅단추 2개를 답니다.

## 모자 만들기

진분홍색 실(실 B)로 원형 고리를 만듭니다. 나선형으로 돌리며 작업합니다.

| 단수 | 콧수 | 설명 |
|---|---|---|
| 1단 | 8코 | ✚×8<br>실로 고리를 만들어 짧은뜨기 8코 뜨기 |
| 2단 | 16코 | ⬇×8<br>(짧은뜨기 1코 늘려뜨기) 8번 뜨기 |
| 3단 | 24코 | (✚×1, ⬇×1)×8<br>(짧은뜨기 1코, 짧은뜨기 1코 늘려뜨기)<br>8번 뜨기 |
| 4단 | 32코 | (✚×2, ⬇×1)×8<br>(짧은뜨기 2코, 짧은뜨기 1코 늘려뜨기)<br>8번 뜨기 |
| 5단 | 40코 | (✚×3, ⬇×1)×8<br>(짧은뜨기 3코, 짧은뜨기 1코 늘려뜨기)<br>8번 뜨기 |
| 6단 | 48코 | (✚×4, ⬇×1)×8<br>(짧은뜨기 4코, 짧은뜨기 1코 늘려뜨기)<br>8번 뜨기 |
| 7단 | 50코 | (✚×23, ⬇×1)×2<br>(짧은뜨기 23코, 짧은뜨기 1코 늘려뜨기)<br>2번 뜨기 |
| 8~20단<br>(총 13단) | 50코 | {✚×50}×13단, ⬬×1<br>① 코늘림 없이 짧은뜨기 13단 뜨기<br>② 마지막에 빼뜨기 1코 |

**모자챙**
편물을 뒤로 돌려 단뜨기로 진행합니다.

| 단 | 코 | |
|---|---|---|
| 1단<br>(겉면) | 25코 | ◯×1, ✚×25<br>사슬뜨기(기둥코) 1코, 짧은뜨기 25코 뜨고 편물을 뒤로 돌리기 |
| 2단 | 24코 | ◯×1, ⬆×1, ✚×23<br>짧은뜨기 2코 모아뜨기, 짧은뜨기 23코 |
| 3단 | 23코 | ◯×1, ⬆×1, ✚×22<br>사슬뜨기(기둥코) 1코, 짧은뜨기 2코 모아뜨기, 짧은뜨기 22코 |
| 4단 | 22코 | ◯×1, ⬆×1, ✚×21<br>사슬뜨기(기둥코) 1코, 짧은뜨기 2코 모아뜨기, 짧은뜨기 21코 |
| 5단 | 21코 | ◯×1, ⬆×1, ✚×20<br>사슬뜨기(기둥코) 1코, 짧은뜨기 2코 모아뜨기, 짧은뜨기 20코 |
| 6단 | 20코 | ◯×1, ⬆×1, ✚×19<br>사슬뜨기(기둥코) 1코, 짧은뜨기 2코 모아뜨기, 짧은뜨기 19코 뜨고 실 자르지 않고 이어뜨기 |

**가장자리 뜨기**

1. 편물을 돌려가며 다음과 같이 가장자리에 짧은뜨기로 한 바퀴 돌려 뜹니다. (=짧은뜨기 총 57코)
사슬뜨기(기둥코) 1코 뜬 후, 편물을 옆으로 돌려서 **모자챙**의 옆선 6단에 짧은뜨기 6코→**뒤판** 20번째 단에 짧은뜨기 25코→**모자챙**의 옆선 6단에 짧은뜨기 6코→모자챙의 앞면에 20코→빼뜨기 1코
2. 실을 자르고 마무리합니다.
3. 남은 실은 안쪽으로 넣어 정리합니다.

## 부츠 만들기

❶ 아이보리색 실(실 A)로 p.22의 설명대로 총 15단만 뜹니다.

❷ 부츠의 위쪽 3단을 접습니다.

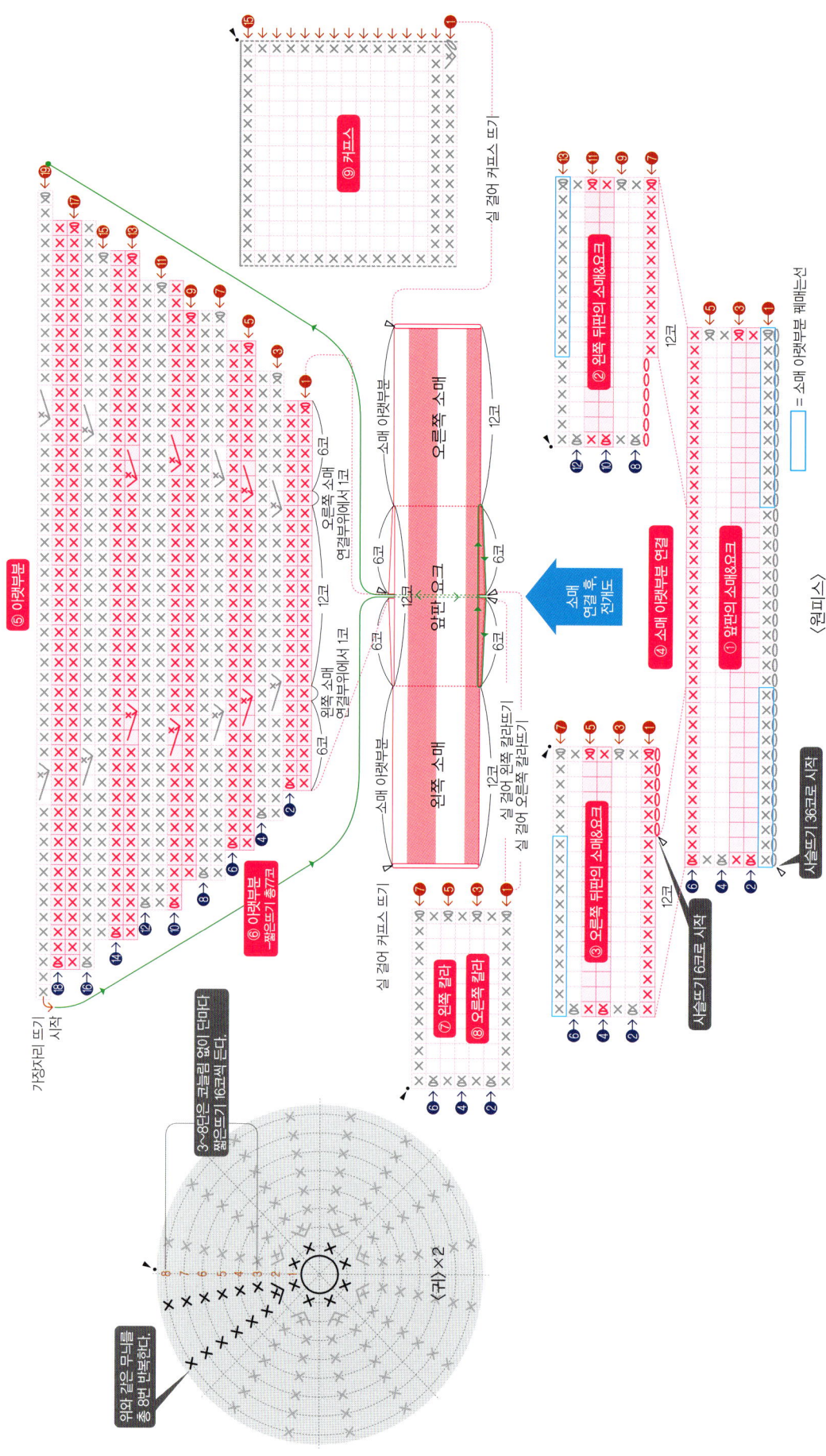

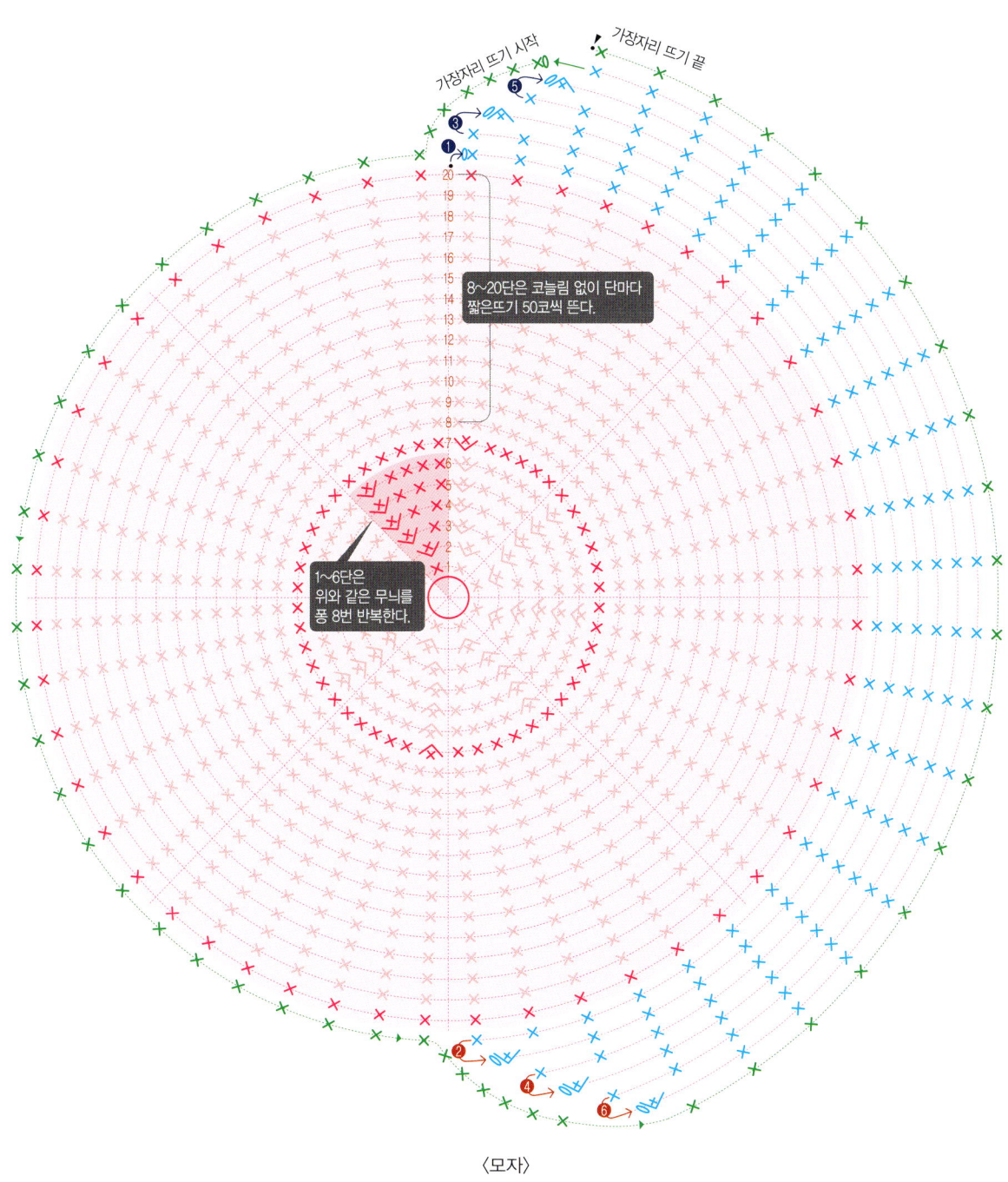

〈모자〉

# Les trois petits cochons
꼬마 돼지 세 마리

94

## Chaud ! Chaud !
뜨거워요! 뜨거워!

## La cuisson du rôti
로스트비프 굽기

*Prêt pour le service*
서비스 준비 완료

*Le menu du jour*
오늘의 메뉴

# Les cochons 돼지

### 돼지 준비물

- 실 : 아크릴 100%로 구성된 코바늘 3.5mm(6호)에 알맞은 굵기의 실, 분홍색 실(주방장 돼지용, 실 A) 2볼, 연분홍색 실(정육점 주인 돼지용, 실 B), 진분홍색 실(조리사 돼지용, 실 C) 2볼
- 양모펠트 : 와인색
- 인형 눈 : 지름 1cm의 검은색 나사 눈 2개
- 장난감용 구름솜
- 코바늘 3.0mm(5호)
- 가위, 돗바늘, 펠트용 바늘

### 머리, 다리, 몸통, 팔 만들기

p.20~21의 설명처럼 뜹니다.

### 돼지코 만들기

실로 원형 고리를 만듭니다. 나선형으로 돌리며 작업합니다.

| 단수 | 콧수 | 설명 |
|---|---|---|
| 1단 | 8코 | ✚×8<br>실로 고리를 만들어 짧은뜨기 8코 뜨기 |
| 2단 | 16코 | ✖×8<br>(짧은뜨기 1코 늘려뜨기) 8번 뜨기 |
| 3단 | 24코 | (✚×1, ✖×1)×8<br>(짧은뜨기 1코, 짧은뜨기 1코 늘려뜨기) 8번 뜨기 |
| 4단 | 32코 | (✚×2, ✖×1)×8<br>(짧은뜨기 2코, 짧은뜨기 1코 늘려뜨기) 8번 뜨기 |
| 5~9단<br>(총 5단) | 32코 | {✚×32}×5단, ●×1<br>① 코늘림 없이 짧은뜨기 5단 뜨기<br>② 마지막에 빼뜨기 1코 후 실을 자르고 마무리하기 |

### 귀 만들기(×2)

실로 원형 고리를 만듭니다. 나선형으로 돌리며 작업합니다.

| 단수 | 콧수 | 설명 |
|---|---|---|
| 1단 | 6코 | ✚×6<br>실로 고리를 만들어 짧은뜨기 6코 뜨기 |
| 2단 | 8코 | (✚×2, ✖×1)×2<br>(짧은뜨기 2코, 짧은뜨기 1코 늘려뜨기) 2번 뜨기 |
| 3단 | 10코 | (✚×3, ✖×1)×2<br>(짧은뜨기 3코, 짧은뜨기 1코 늘려뜨기) 2번 뜨기 |
| 4단 | 12코 | (✚×4, ✖×1)×2<br>(짧은뜨기 4코, 짧은뜨기 1코 늘려뜨기) 2번 뜨기 |
| 5단 | 14코 | (✚×5, ✖×1)×2<br>(짧은뜨기 5코, 짧은뜨기 1코 늘려뜨기) 2번 뜨기 |
| 6단 | 16코 | (✚×6, ✖×1)×2<br>(짧은뜨기 6코, 짧은뜨기 1코 늘려뜨기) 2번 뜨기 |
| 7단 | 18코 | (✚×7, ✖×1)×2<br>(짧은뜨기 7코, 짧은뜨기 1코 늘려뜨기) 2번 뜨기 |
| 8~9단<br>(총 2단) | 18코 | {✚×7}×2단, ●×1<br>① 코늘림 없이 짧은뜨기 2단 뜨기<br>② 마지막에 빼뜨기 1코 후 실을 자르고 마무리하기 |

### 연결하기

p.22에서 설명한 방법처럼 연결합니다.

❶ 눈은 머리의 12번째 단에 고정하며 눈과 눈 사이를 10코 띄웁니다.

❷ 돼지 코에 솜을 채우고 얼굴에 고정합니다. 이때 돼지 코는 눈 바로 아래부터 시작하여 머리의 마지막 단 바로 이전 단(21번째 단)까지 오게 놓습니다.

❸ 양모펠트와 펠트용 바늘로 돼지 코의 4번째 단과 6번째 단 사이에 콧구멍을 2개 만듭니다. (p.12 참고)

❹ 귀의 아랫부분을 약간 둥글게 오므려서 머리 위에 답니다.

### 메모

조리사의 앞치마와 주방장 모자에 발목까지 오는 구두를 신겨도 되고, 정육점 주인 복장에 조리사 모자를 씌울 수도 있습니다.

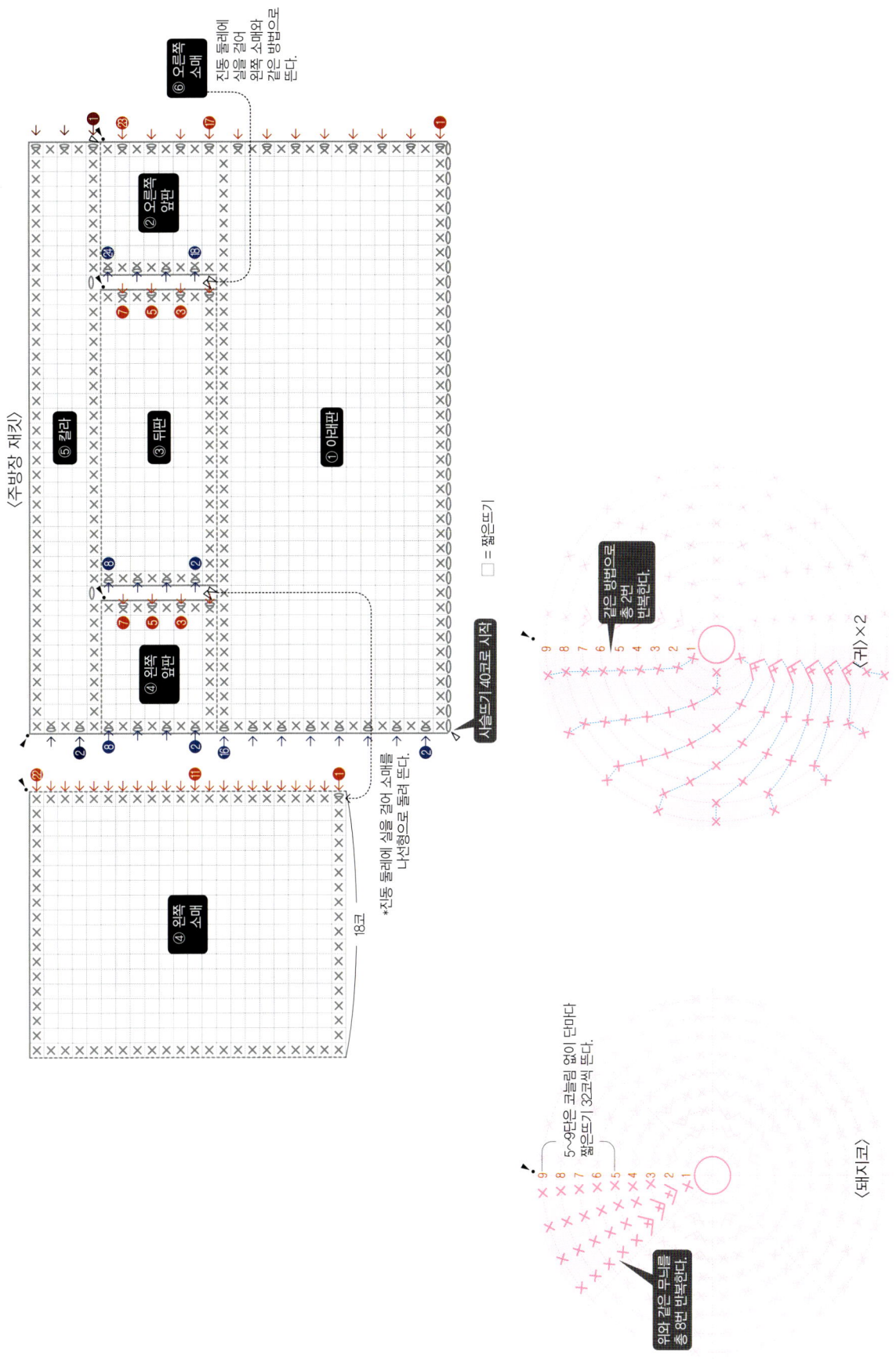

## Le chef cuisinier 주방장

### 주방장 의상 준비물

- 실 : 아크릴 100%로 구성된 코바늘 3.5mm(6호)에 알맞은 굵기의 실. 흰색 실(실 A) 1볼, 검은색 실(실 B) 1볼
- 지름 1cm의 스냅단추 3개
- 코바늘 3.0mm(5호)
- 돗바늘, 바느질 도구, 재봉실

### 재킷 만들기

흰색 실(실 A)로 사슬뜨기 40코 뜨고 단뜨기로 이어 뜹니다.

| 단수 | 콧수 | 설명 |
|---|---|---|
| **❶ 아래판** | | |
| 1단~16단 (총 16단) (1단이 겉면) | 40코 | {◯×1, ✚×40}×16단<br>{사슬뜨기(기둥코) 1코, 짧은뜨기 40코} 16단 뜨기 |
| **❷ 오른쪽 앞판** | | |
| 17~24단 (총 8단) | 11코 | {◯×1, ✚×11}×8단<br>① {사슬뜨기(기둥코) 1코, 짧은뜨기 11코 뜨고 편물을 뒤로 돌리기} 8단 뜨기<br>② 실을 자르고 마무리하기 |
| **❸ 뒤판** | | |

겉면에서 16번째 단의 13번째 코에 흰색 실(실 A)을 걸고 단뜨기로 뜹니다.

| 단수 | 콧수 | 설명 |
|---|---|---|
| 17단 | 16코 | ◯×1, ✚×16<br>사슬뜨기(기둥코) 1코, 실을 건 코에 바늘을 넣어 짧은뜨기 1코, 이어서 짧은뜨기 15코 뜨고 편물을 뒤로 돌리기 |
| 18~24단 (총 7단) | 16코 | {◯×1, ✚×16}×7단<br>① {사슬뜨기(기둥코) 1코, 짧은뜨기 16코 뜨고 편물을 뒤로 돌리기} 7단 뜨기<br>② 실을 자르고 마무리하기 |
| **❹ 왼쪽 앞판** | | |

겉면에서 16번째 단의 30번째 코에 흰색 실(실 A)을 걸고 단뜨기로 뜹니다.

| 단수 | 콧수 | 설명 |
|---|---|---|
| 17단 | 11코 | ◯×1, ✚×11<br>사슬뜨기(기둥코) 1코, 실을 건 코에 바늘을 넣어 짧은뜨기 1코, 이어서 짧은뜨기 10코 뜨고 편물을 뒤로 돌리기 |
| 18~24단 (총 7단) | 11코 | {◯×1, ✚×11}×7단<br>① {사슬뜨기(기둥코) 1코, 짧은뜨기 11코 뜨고 편물을 뒤로 돌리기} 7단 뜨기<br>② 실을 자르고 마무리하기 |
| **❺ 칼라** | | |

겉면에서 오른쪽 앞판의 네 번째 코에 흰색 실(실 A)을 걸고 단뜨기로 뜹니다.

| 단수 | 콧수 | 설명 |
|---|---|---|
| 1단 (겉면) | 34코 | ◯×1, ✚×8, ◯×1, ✚×16, ◯×1, ✚×8<br>사슬뜨기(기둥코) 1코, 실을 건 코에 바늘을 넣어 짧은뜨기 1코, 오른쪽 앞판에 짧은뜨기 7코, 사슬뜨기 1코, 뒤판에 짧은뜨기 16코, 사슬뜨기 1코, 왼쪽 앞판에 짧은뜨기 8코 |
| 2~5단 (총 4단) | 34코 | {◯×1, ✚×34}×4단<br>① {사슬뜨기(기둥코) 1코, 짧은뜨기 34코 뜨고 편물을 뒤로 돌리기} 4단 뜨기<br>② 실을 자르고 마무리하기 |
| **❻ 오른쪽 소매** | | |

겉면에서 오른쪽 진동 둘레의 아랫부분에 남아있는 짧은뜨기 1코에 흰색 실(실 A)을 걸어 진동 둘레에서 나선형으로 돌려가며 뜹니다.

| 단수 | 콧수 | 설명 |
|---|---|---|
| 1단 | 18코 | ◯×1, ✚×18<br>사슬뜨기(기둥코) 1코, 실을 건 코에 바늘 넣어 짧은뜨기 1코, 이어서 뒤판의 옆선에 짧은뜨기 8코, 칼라에 있는 사슬코에 바늘 넣어 짧은뜨기 1코, 오른쪽 앞판의 옆선에 짧은뜨기 8코 |
| 2~22단 (총 21단) | 18코 | {✚×18}×21단, ◯×1<br>① 코늘림 없이 짧은뜨기로 21단 돌려뜨기<br>② 마지막에서 빼뜨기 1코 후 실을 자르고 마무리하기 |
| **❼ 왼쪽 소매** | | |

오른쪽 소매와 같은 방법으로 뜹니다.
(1단에서는 왼쪽 앞판의 옆선에 짧은뜨기 한 후 뒤판의 옆선으로 진행합니다.)

### 마무리하기

❶ 남은 실은 안쪽으로 넣어 정리합니다.

❷ 칼라는 반으로 접은 후 몇 땀 꿰매어 옷에 고정합니다.

❸ 앞판 5번째 단과 14번째 단, 23번째 단에 스냅단추를 답니다. 소매 단을 4단 접습니다.

## 바지 만들기

| 단수 | 콧수 | 설명 |
|---|---|---|
| 첫 번째 다리 | | |
| 흰색 실(실 A)로 사슬뜨기 18코를 뜬 후 첫코에 빼뜨기하여 원형 고리를 만듭니다. 나선형으로 돌리며 작업합니다. | | |
| 1단 | 18코 | ⬯×1, ✚×18<br>사슬뜨기(기둥코) 1코, 짧은뜨기 18코 |
| 2단~<br>22단<br>(총 21단) | 18코 | {✚×18}×21단, ●×1<br>① 코늘림 없이 짧은뜨기 21단 뜨기<br>② 마지막에 빼뜨기 1코 후, 실을 자르고 마무리하기 |
| 두 번째 다리 | | |
| 1단부터 22단까지 반복하여 다리를 하나 더 만들고, 두 번째 다리는 끝에서 실을 자르지 않습니다. | | |
| 바지 윗부분 | | |
| 두 번째 다리에서 연결해서 나선형으로 돌려 뜹니다. | | |
| 23단 | 42코 | ⬯×3, ✚×18, ⬯×3, ✚×18<br>두 번째 다리의 끝에서 사슬뜨기 3코, 첫 번째 다리에 짧은뜨기 18코, 사슬뜨기 3코, 두 번째 다리에 짧은뜨기 18코 |
| 24단 | 42코 | ✚×42<br>사슬코에 바늘 넣어 짧은뜨기 3코, 첫 번째 다리에 짧은뜨기 18코, 사슬코에 바늘 넣어 짧은뜨기 3코, 두 번째 다리에 짧은뜨기 18코 |
| 25~<br>26단<br>(총 2단) | 42코 | {✚×42}×2단<br>짧은뜨기 42코하여 2단 돌려뜨기 |
| 26단까지 뜬 후 짧은뜨기 1코만 더 떠서 뒤 중심에 이르면 편물을 뒤로 돌려 단뜨기로 진행합니다. | | |
| 27단 | 41코 | ⬯×1, ✚×41<br>사슬뜨기(기둥코) 1코, 짧은뜨기 41코 뜬 후 마지막 1코는 뜨지 않고 편물을 뒤로 돌리기 |
| 28단 | 39코 | ⬯×1, ✚×9, ⬥×1, ✚×19, ⬥×1, ✚×9<br>사슬뜨기(기둥코) 1코, 짧은뜨기 9코, 짧은뜨기 2코 모아뜨기, 짧은뜨기 19코, 짧은뜨기 2코 모아뜨기, 짧은뜨기 9코 |
| 29~<br>32단<br>(총 4단) | 39코 | ① {⬯×1, ✚×39}×4단<br>{사슬뜨기(기둥코) 1코, 짧은뜨기 39코} 4단 뜨기<br>② ⬯×20<br>32단의 끝에서 사슬뜨기 20코를 뜨고 실을 자르고 마무리하기<br>③ 32번째 단의 첫 번째 코에 실을 걸고 사슬뜨기 20코를 뜬 후 실을 자르고 마무리하기 |

③ 바지의 밑단을 4단 접습니다.

④ 바지를 잠글 때에는 허리 양쪽 끝에 달린 사슬 끈으로 리본을 묶습니다.

## 주방장 모자 만들기

❶ 흰색 실(실 A)로 사슬뜨기 20코를 뜬 후 첫코에 빼뜨기하여 원형 고리를 만듭니다. 나선형으로 돌리며 작업합니다.

| 단수 | 콧수 | 설명 |
|---|---|---|
| 1단 | 20코 | ⬯×1, ✚×20<br>사슬뜨기(기둥코) 1코, 짧은뜨기 20코 |
| 2~12단<br>(총 11단) | 20코 | {✚×20}×11단<br>코늘림 없이 짧은뜨기 11단 뜨기 |
| 13단 | 40코 | ⬇×20<br>(짧은뜨기 1코 늘려뜨기) 20번 뜨기 |
| 14~22단<br>(총 9단) | 40코 | {✚×40}×9단<br>① 코늘림 없이 짧은뜨기 9단 뜨기<br>② 실을 자르고 마무리하기 |

❷ 남아있는 실로 마지막 단의 코 사이사이를 통과시킨 후 당겨서 모자의 끝을 조인 후 실을 마무리합니다.

## 마무리하기

❶ 남은 실은 안쪽으로 넣어 정리합니다.

❷ 주방장 모자의 아랫단을 4단 접습니다.

## 나비넥타이 만들기

검은색 실(실 B)로 사슬뜨기 10코를 뜬 후 단뜨기로 진행합니다.

| 단수 | 콧수 | 설명 |
|---|---|---|
| 1~5단<br>(총 5단) | 10코 | {⬯×1, ✚×10}×5단<br>① {사슬뜨기(기둥코) 1코, 짧은뜨기 10코}×5단<br>② 실을 자르고 마무리하기 |

## 마무리하기

❶ 남은 실은 안쪽으로 넣어 정리합니다.

❷ 나비넥타이의 가운데에 실을 여러 번 감아서 중앙을 조입니다.

❸ 재킷의 오른쪽 앞판 목둘레에 나비넥타이를 답니다.

## 마무리하기

❶ 남은 실은 안쪽으로 넣어 정리합니다.

❷ 감침질 3땀으로 다리 사이의 구멍을 막습니다.

# Le boucher
정육점 주인

# Le boucher 정육점 주인

### 정육점 주인 의상 준비물

- 실 : 아크릴 100%로 구성된 코바늘 3.5mm(6호)에 알맞은 굵기의 실. 아이보리색 실 1볼
- 코바늘 3.0mm(5호)
- 가위, 돗바늘

### 정육점 주인 상의 만들기

아이보리색 실로 사슬뜨기 40코를 뜬 후 첫코에 빼뜨기하여 원형 고리를 만듭니다. 나선형으로 돌리며 작업합니다.

| 단수 | 콧수 | 설명 |
|---|---|---|
| 1단 | 40코 | ◯×1, +×40<br>사슬뜨기(기둥코) 1코, 짧은뜨기 40코 |
| 2~11단<br>(총 10단) | 40코 | {+×40}×10<br>코늘림 없이 짧은뜨기 10단 뜨기 |
| 12단 | 38코 | +×9, ⚇×1, +×18, ⚇×1, +×9<br>짧은뜨기 9코, 짧은뜨기 2코 모아뜨기,<br>짧은뜨기 18코, 짧은뜨기 2코 모아뜨기,<br>짧은뜨기 9코 |
| 13단 | 36코 | +×9, ⚇×1, +×16, ⚇×1, +×9<br>짧은뜨기 9코, 짧은뜨기 2코 모아뜨기,<br>짧은뜨기 16코, 짧은뜨기 2코 모아뜨기,<br>짧은뜨기 9코 |
| 14단 | 34코 | +×8, ⚇×1, +×16, ⚇×1, +×8<br>짧은뜨기 8코, 짧은뜨기 2코 모아뜨기,<br>짧은뜨기 16코, 짧은뜨기 2코 모아뜨기,<br>짧은뜨기 8코 |
| 15단 | 32코 | +×8, ⚇×1, +×14, ⚇×1, +×8<br>짧은뜨기 8코, 짧은뜨기 2코 모아뜨기,<br>짧은뜨기 14코, 짧은뜨기 2코 모아뜨기,<br>짧은뜨기 8코 |
| 16단 | 30코 | +×7, ⚇×1, +×14, ⚇×1, +×7<br>짧은뜨기 7코, 짧은뜨기 2코 모아뜨기,<br>짧은뜨기 14코, 짧은뜨기 2코 모아뜨기,<br>짧은뜨기 7코 |
| 17단 | 28코 | +×7, ⚇×1, +×12, ⚇×1, +×7<br>짧은뜨기 7코, 짧은뜨기 2코 모아뜨기,<br>짧은뜨기 12코, 짧은뜨기 2코 모아뜨기,<br>짧은뜨기 7코 |
| 18단 | 16코와 어깨끈을 위한 아치 2개<br>(각 사슬뜨기 7코씩) | +×4, ◯×7, (6코 건너기), +×8, ◯×7, (6코 건너기), +×4<br>짧은뜨기 4코, 사슬뜨기 7코, (6코는 뜨지 않고), 짧은뜨기 8코, 사슬뜨기 7코, (6코는 뜨지 않고), 짧은뜨기 4코 |
| 19단 | 30코 | +×30, ●×1<br>① 사슬뜨기 포함 모든 코에 짧은뜨기 1코씩 뜨기<br>② 마지막에 빼뜨기 1코 후 실을 자르고 마무리하기<br>③ 남은 실은 안쪽으로 넣어 정리하기 |

### 정육점 주인 바지 만들기

| 단수 | 콧수 | 설명 |
|---|---|---|
| | | **첫 번째 다리**<br>아이보리색 실로 사슬뜨기 18코를 뜬 후 첫코에 빼뜨기하여 원형 고리를 만듭니다. 나선형으로 돌리며 작업합니다. |
| 1단 | 18코 | ◯×1, +×18<br>사슬뜨기(기둥코) 1코, 짧은뜨기 18코 |
| 2단~<br>10단<br>(총 9단) | 18코 | {+×18}×9단, ●×1<br>① 코늘림 없이 짧은뜨기 9단 뜨기<br>② 마지막에 빼뜨기 1코 후 실을 자르고 마무리하기 |
| | | **두 번째 다리**<br>1단부터 10단까지 반복하여 다리를 하나 더 만들고, 두 번째 다리는 끝에서 실을 자르지 않습니다. |
| | | **바지 윗부분**<br>두 번째 다리에서 연결해서 나선형으로 돌려 뜹니다. |
| 11단 | 44코 | ◯×4, +×18, ◯×4, +×18<br>두 번째 다리의 끝에서 사슬뜨기 4코, 첫 번째 다리에 짧은뜨기 18코, 사슬뜨기 4코, 두 번째 다리에 짧은뜨기 18코 |
| 12단 | 44코 | +×44<br>사슬코에 바늘 넣어 짧은뜨기 4코, 첫 번째 다리에 짧은뜨기 18코, 사슬코에 바늘 넣어 짧은뜨기 4코, 두 번째 다리에 짧은뜨기 18코 |
| 13~21단<br>(총 9단) | 44코 | {+×44}×9단, ●×1<br>① 코늘림 없이 짧은뜨기 9단 뜨기<br>② 마지막에서 빼뜨기 1코 후 실을 자르고 마무리하기 |

### 마무리하기
❶ 남은 실은 안쪽으로 넣어 정리합니다.
❷ 감침질 4땀으로 다리 사이의 구멍을 막습니다.

### 발목까지 오는 구두(×2)
아이보리색 실로 p.22의 설명처럼 뜹니다.

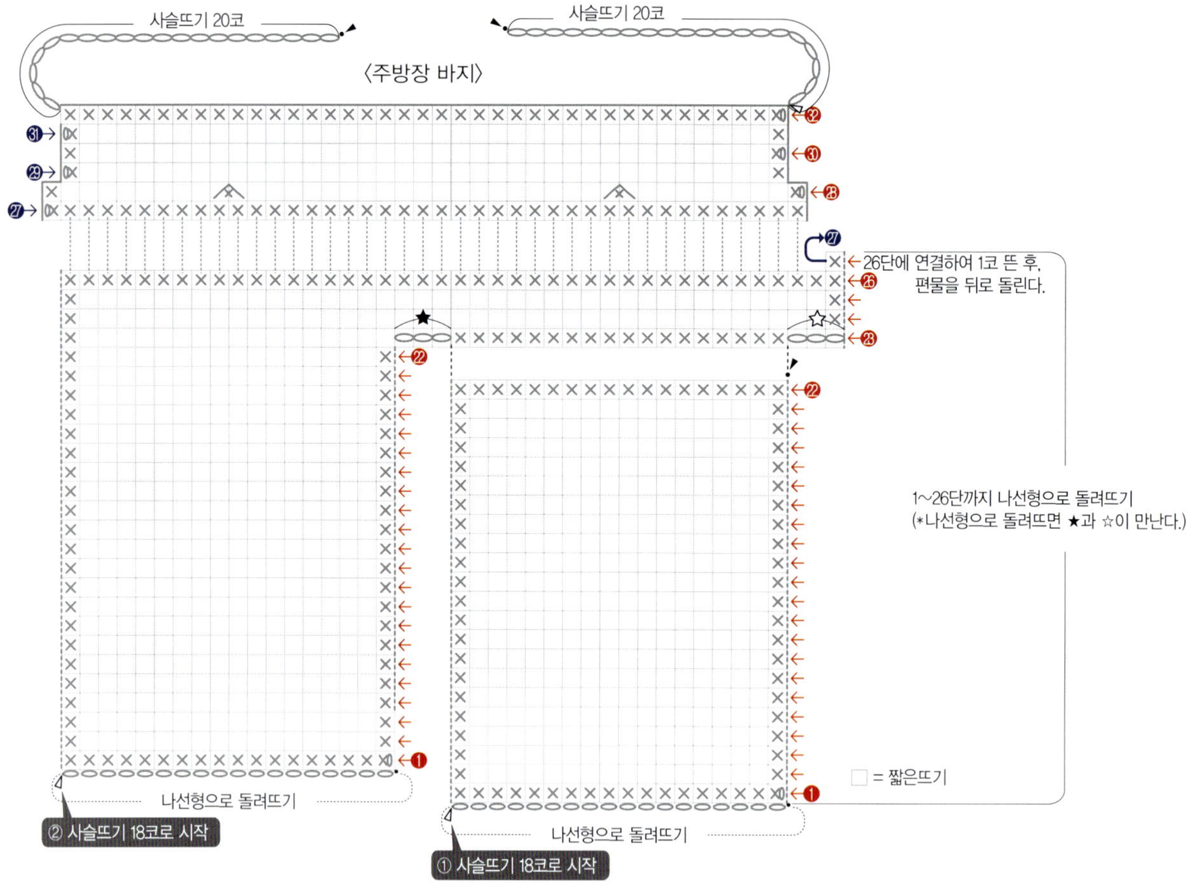

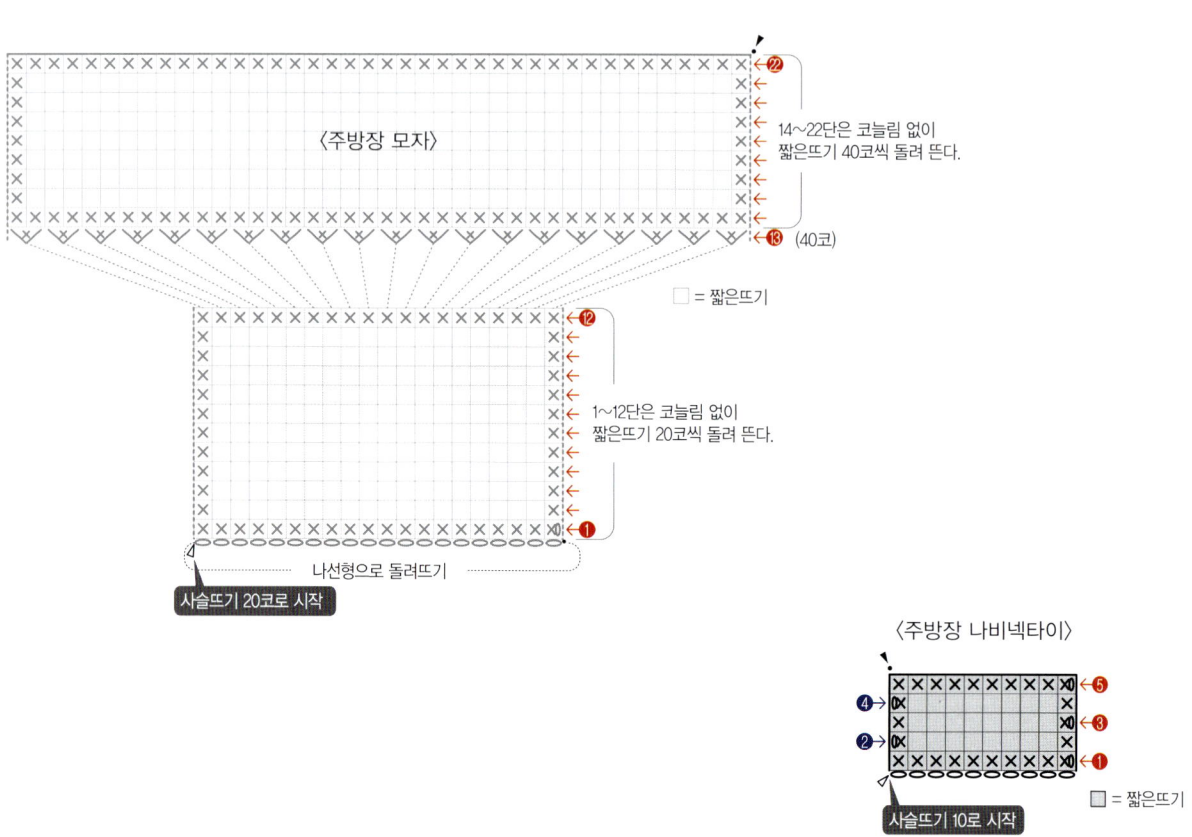

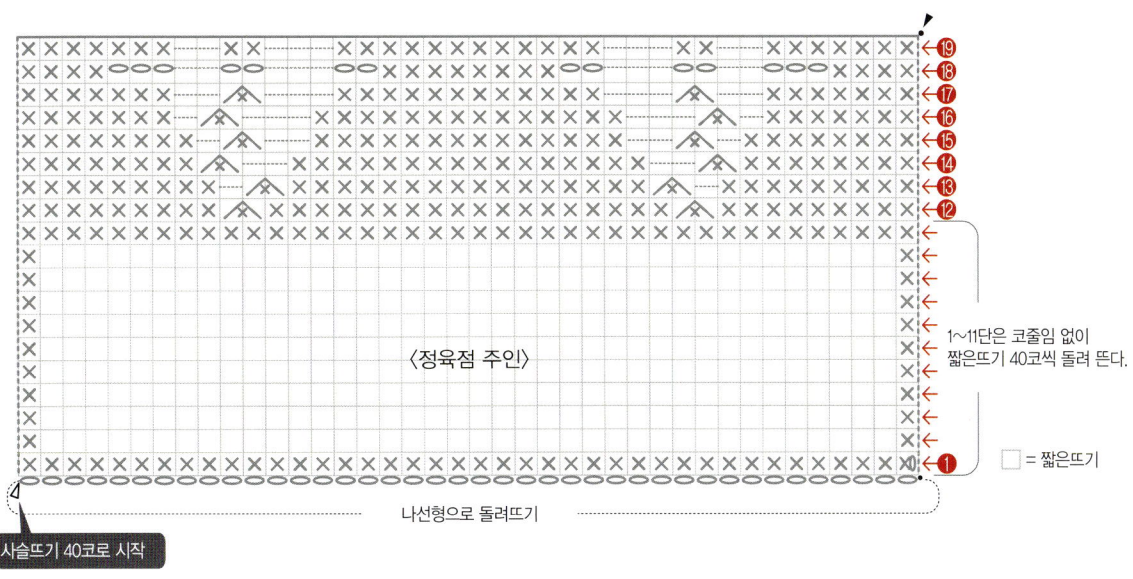

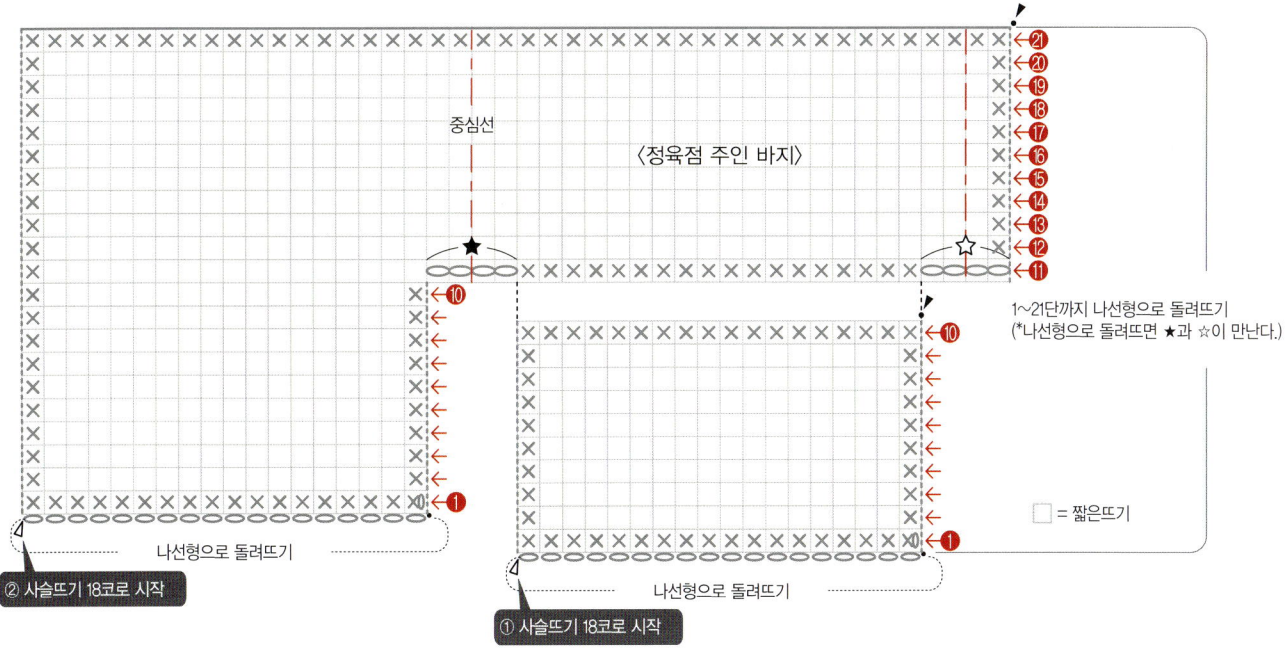

# Le commis de cuisine 조리사

## 조리사 의상 준비물

- 실 : 아크릴 100%로 구성된 코바늘 3.5mm(6호)에 알맞은 굵기의 실. 하늘색 실 1볼
- 옷핀 : 1개(소형)
- 코바늘 3.0mm(5호)
- 가위, 돗바늘

## 앞치마 만들기

❶ 하늘색 실로 사슬뜨기 34코를 뜬 후 단뜨기로 진행합니다.

| 단수 | 콧수 | 설명 |
|---|---|---|
| 본체 | | |
| 1~14단<br>(총 14단)<br>(1단이 겉면) | 34코 | {○×1, +×34}×14단<br>{사슬뜨기(기둥코) 1코, 짧은뜨기 34코} 14단 뜨기 |
| 15단 | 32코 | ○×1, ✤×1, +×30, ✤×1<br>사슬뜨기(기둥코) 1코, 짧은뜨기 2코 모아뜨기, 짧은뜨기 30코, 짧은뜨기 2코 모아뜨기 |
| 16~26단<br>(총 11단) | 30코~10코 | {○×1, ✤×1, +×남은 코, ✤×1}×11단<br>사슬뜨기(기둥코) 1코, 짧은뜨기 2코 모아뜨기, 2코 남을 때까지 모든 코 짧은뜨기 1코씩 뜨기, 짧은뜨기 2코 모아뜨기 |
| 27~33단<br>(총 7단) | 10코 | {○×1, +×10}×7단<br>{사슬뜨기(기둥코) 1코, 짧은뜨기 10코} 7단 뜬 후, 실 자르지 않고 이어 뜨기 |

### 가장자리 뜨기

1. 편물을 돌려가며 아래처럼 가장자리에 짧은뜨기로 한 바퀴 돌려 뜹니다. (= 짧은뜨기 총 104코)
사슬뜨기(기둥코) 1코, 편물을 옆으로 돌려서 진동 둘레에 짧은뜨기 19코→모서리(14번째 단)에서 짧은뜨기 2코 뜨기→그 다음 짧은뜨기 13코→모서리(첫 번째 단 마지막 코)에서 짧은뜨기 2코 뜨기→그 다음 짧은뜨기 32코→모서리(첫 번째 단 첫 코)에서 짧은뜨기 2코 뜨기→그 다음 짧은뜨기 13코→모서리(14번째 단)에서 짧은뜨기 2코 뜨기→진동 둘레에 짧은뜨기 19코 →사슬뜨기 22코
2. 실을 자르고 마무리합니다.

❷ 하늘색 실로 33번째 단의 첫 번째 코에 실을 걸고 사슬뜨기 22코를 뜬 후 실을 자르고 마무리합니다.

## 주머니 만들기

사슬뜨기 9코를 뜬 후 단뜨기로 진행합니다.

| 단수 | 콧수 | 설명 |
|---|---|---|
| 1~5단<br>(총 5단) | 9코 | {○×1, +×9}×5단<br>{사슬뜨기(기둥코) 1코, 짧은뜨기 9코} 5단 뜨기 |
| 6단 | 8코 | ○×1, ✤×1, +×7<br>사슬뜨기(기둥코) 1코, 짧은뜨기 2코 모아뜨기, 짧은뜨기 7코 |
| 7단 | 7코 | ○×1, ✤×1, +×6<br>사슬뜨기(기둥코) 1코, 짧은뜨기 2코 모아뜨기, 짧은뜨기 6코 |
| 8단 | 6코 | ○×1, ✤×1, +×5<br>사슬뜨기(기둥코) 1코, 짧은뜨기 2코 모아뜨기, 짧은뜨기 5코 |
| 9단 | 5코 | ○×1, ✤×1, +×4<br>① 사슬뜨기(기둥코) 1코, 짧은뜨기 2코 모아뜨기, 짧은뜨기 4코<br>② 실을 자르고 마무리하기 |

### 가장자리 뜨기

1. 겉면에서 첫 번째 단의 마지막 코에 실을 걸고, 편물을 돌려가며 다음처럼 한 바퀴 돌려 뜹니다. (=짧은뜨기 총 23코)
사슬뜨기(기둥코) 1코→주머니 옆선에 짧은뜨기 9코→9번째 단에 짧은뜨기 5코 뜨기→주머니 옆선에 짧은뜨기 9코→빼뜨기 1코
2. 실을 자르고 마무리합니다.

## 마무리하기

❶ 남은 실은 안쪽으로 넣어 정리합니다.

❷ 앞치마 앞판의 정중앙에 주머니를 답니다. 이때 앞치마 9번째 단에 주머니의 9번째 단이 오도록 놓습니다.

❸ 앞치마 위의 사슬 끈 2개를 목 뒤에서 리본으로 묶습니다.

❹ 앞치마의 뒷면은 옷핀으로 잠급니다.

## 챙 달린 모자 만들기

하늘색 실로 원형 고리를 만듭니다. 나선형으로 돌리며 작업합니다.

| 단수 | 콧수 | 설명 |
|---|---|---|
| 1단 | 8코 | +×8<br>실로 고리를 만들어 짧은뜨기 8코 뜨기 |
| 2단 | 16코 | ↓×8<br>(짧은뜨기 1코 늘려뜨기) 8번 뜨기 |
| 3단 | 24코 | (+×1, ↓×1)×8<br>(짧은뜨기 1코, 짧은뜨기 1코 늘려뜨기) 8번 뜨기 |
| 4단 | 24코 | ±×24<br>(짧은뜨기 반 코에 바늘 걸어) 이랑뜨기 24코 |
| 5~9단<br>(총 5단) | 24코 | {+×24}×5단, ●×1<br>① 코늘림 없이 짧은뜨기 5단 뜨기<br>② 마지막에 빼뜨기 1코 뜨기 |

**모자챙**
편물을 뒤로 돌려 단뜨기로 진행합니다.

| 단수 | 콧수 | 설명 |
|---|---|---|
| 1단<br>(겉면) | 10코 | ◯×1, +×10<br>사슬뜨기(기둥코) 1코, 짧은뜨기 10코 뜨고 편물을 뒤로 돌리기 |
| 2단 | 9코 | ◯×1, ▲×1, +×8<br>사슬뜨기(기둥코) 1코, 짧은뜨기 2코 모아뜨기, 짧은뜨기 8코 |
| 3단 | 8코 | ◯×1, ▲×1, +×7<br>사슬뜨기(기둥코) 1코, 짧은뜨기 2코 모아뜨기, 짧은뜨기 7코 |
| 4단 | 6코 | ◯×1, ▲×1, +×4, ▲×1<br>① 사슬뜨기(기둥코) 1코, 짧은뜨기 2코 모아뜨기, 짧은뜨기 4코, 짧은뜨기 2코 모아뜨기<br>② 실을 자르고 마무리하기<br>③ 남은 실은 안쪽으로 넣어 정리하기 |

## 기본 단화 만들기

하늘색 실로 p.22의 설명처럼 뜹니다.

## La viande 고기

### 넓적다리 준비물

- 실 : 모 40%, 아크릴 40%, 모헤어 20%로 구성된 코바늘 4mm(7호)에 알맞은 굵기의 실. 크림색 실(실 A) 1볼, 베이지색 실(실 B) 1볼, 적갈색 실(실 C) 1볼
- 장난감용 구름솜
- 코바늘 3.0mm(5호)
- 가위, 돗바늘

### 넓적다리 만들기

| 단수 | 콧수 | 색상 | 설명 |
|---|---|---|---|
| | | | **본체** |

크림색 실(실 A)로 원형 고리를 만듭니다. 나선형으로 돌리며 작업합니다.

| 단수 | 콧수 | 색상 | 설명 |
|---|---|---|---|
| 1단 | 10코 | 크림색 | +×10<br>실로 고리를 만들어 짧은뜨기 10코 뜨기 |
| 2~4단<br>(총 3단) | 10코 | | {+×10}×3단<br>코늘림 없이 짧은뜨기 3단 뜨기 |
| 5단 | 8코 | | +×3, ▲×1, +×3, ▲×1<br>짧은뜨기 3코, 짧은뜨기 2코 모아뜨기, 짧은뜨기 3코, 짧은뜨기 2코 모아뜨기 |
| 6단 | 6코 | | +×2, ▲×1, +×2, ▲×1<br>짧은뜨기 2코, 짧은뜨기 2코 모아뜨기, 짧은뜨기 2코, 짧은뜨기 2코 모아뜨기 |
| 7~9단<br>(총 3단) | 6코 | | {+×6}×3단<br>코늘림 없이 짧은뜨기 3단 뜨기 |

| 단수 | 콧수 | | 설명 |
|---|---|---|---|
| 10단 | 9코 | | (✚×1, ✚×1)×3<br>(짧은뜨기 1코, 짧은뜨기 1코 늘려뜨기) 3번 뜨기 |
| 11단 | 12코 | | (✚×2, ✚×1)×3<br>(짧은뜨기 2코, 짧은뜨기 1코 늘려뜨기) 3번 뜨기 |
| 12단 | 15코 | | (✚×3, ✚×1)×3<br>(짧은뜨기 3코, 짧은뜨기 1코 늘려뜨기) 3번 뜨기 |
| 13단 | 18코 | | (✚×4, ✚×1)×3<br>(짧은뜨기 4코, 짧은뜨기 1코 늘려뜨기) 3번 뜨기 |
| 14단 | 21코 | 베이지색 | (✚×5, ✚×1)×3<br>(짧은뜨기 5코, 짧은뜨기 1코 늘려뜨기) 3번 뜨기 |
| 15단 | 24코 | | (✚×6, ✚×1)×3<br>(짧은뜨기 6코, 짧은뜨기 1코 늘려뜨기) 3번 뜨기 |
| 16단 | 27코 | | (✚×7, ✚×1)×3<br>(짧은뜨기 7코, 짧은뜨기 1코 늘려뜨기) 3번 뜨기 |
| 17단 | 30코 | | (✚×8, ✚×1)×3<br>(짧은뜨기 8코, 짧은뜨기 1코 늘려뜨기) 3번 뜨기 |
| 18~24단<br>(총 7단) | 30코 | | {✚×30}×7단, ●×1<br>① 코늘림 없이 짧은뜨기 7단 뜨기<br>② 마지막에 빼뜨기 1코 후 실을 자르고 마무리하기 |

**고기 잘린 면**

크림색 실(실 A)로 원형 고리를 만듭니다. 나선형으로 돌리며 작업합니다.

| 단수 | 콧수 | | 설명 |
|---|---|---|---|
| 1단 | 8코 | 크림색 | ✚×8<br>실로 고리를 만들어 짧은뜨기 8코 뜨기 |
| 2단 | 16코 | | ✚×8<br>(짧은뜨기 1코 늘려뜨기) 8번 뜨기 |
| 3단 | 24코 | | (✚×1, ✚×1)×8<br>(짧은뜨기 1코, 짧은뜨기 1코 늘려뜨기) 8번 뜨기 |
| 4단 | 30코 | 적갈색 | (✚×3, ✚×1)×6<br>(짧은뜨기 3코, 짧은뜨기 1코 늘려뜨기) 6번 뜨기 |
| 5단 | 30코 | | ✚×30, ●×1<br>① 짧은뜨기 30코<br>② 마지막에 빼뜨기 1코 후 실을 자르고 마무리하기 |

## 줄줄이 소시지 준비물

- 실 : 아크릴 100%로 구성된 코바늘 3.5mm(6호)에 알맞은 굵기의 실. 진분홍색 실 1볼
- 장난감용 구름솜
- 코바늘 3.0mm(5호)
- 가위, 돗바늘

## 소시지 만들기

❶ 실로 원형 고리를 만듭니다. 나선형으로 돌리며 작업합니다.

| 단수 | 콧수 | 색상 | 설명 |
|---|---|---|---|
| 1단 | 8코 | 진분홍색 | ✚×8<br>실로 고리를 만들어 짧은뜨기 8코 뜨기 |
| 2~14단<br>(총 13단) | 8코 | | {✚×8}×13단<br>코늘림 없이 짧은뜨기 13단 뜨기 |

❷ 솜을 채워 넣습니다.

❸ 실을 자르고 마무리합니다.

❹ 남은 실로 마지막 단의 코 사이사이로 실을 통과시킨 후 당겨서 소시지의 입구를 조이고 실을 정리합니다.

## 마무리하기

❶ 남은 실은 안쪽으로 넣어 정리합니다.

❷ 소시지를 여러 개 만들어 서로 끝과 끝을 꿰매어 연결합니다.

## 로스트비프 준비물

- 실 : 아크릴 100%로 구성된 코바늘 3.5mm(6호)에 알맞은 굵기의 실. 빨간색 실(실 A) 1볼, 흰색 실(실 B) 1볼
- 장난감용 구름솜
- 코바늘 3.0mm(5호)
- 가위, 돗바늘

## 살코기 만들기

❶ 빨간색 실(실 A)로 원형 고리를 만듭니다. 나선형으로 돌리며 작업합니다.

| 단수 | 콧수 | 설명 |
|---|---|---|
| 1단 | 8코 | ✚×8<br>실로 고리를 만들어 짧은뜨기 8코 뜨기 |
| 2단 | 16코 | ✚×8<br>(짧은뜨기 1코 늘려뜨기) 8번 뜨기 |
| 3단 | 20코 | (✚×3, ✚×1)×4<br>(짧은뜨기 3코, 짧은뜨기 1코 늘려뜨기) 4번 뜨기 |
| 4단 | 20코 | ✚×20<br>짧은뜨기 20코 |
| 5단 | 20코 | ±×20<br>뒤쪽 반 코에 걸어 이랑뜨기 20코 |
| 6~14단<br>(총 9단) | 20코 | {✚×20}×9단<br>코늘림 없이 짧은뜨기 9단 뜨기 |
| 15단 | 20코 | ±×20<br>뒤쪽 반 코에 걸어 이랑뜨기 20코 |
| 16단 | 20코 | ✚×20<br>짧은뜨기 20코 |
|  |  | 솜을 채워 넣습니다. |
| 17단 | 16코 | (✚×3, ✚×1)×4<br>(짧은뜨기 2코, 짧은뜨기 2코 모아뜨기) 4번 뜨기 |
| 18단 | 8코 | ✚×8<br>① (짧은뜨기 2코 모아뜨기) 8번 뜨기<br>② 실을 자르고 마무리하기 |

❷ 마지막 단의 코 사이사이로 실을 통과시킨 후 당겨서 살코기의 입구를 조이고 실을 정리합니다.

## 비계 만들기

흰색 실(실 B)로 사슬뜨기 36코 뜬 후 단뜨기로 진행합니다.

| 단수 | 콧수 | 설명 |
|---|---|---|
| 1~5단 | 36코 | {⭕×1, ✚×36}×5단<br>① {사슬뜨기(기둥코) 1코, 짧은뜨기 36코} 5단 뜨기<br>② 실을 자르고 마무리하기 |

## 마무리하기

❶ 남은 실은 안쪽으로 넣어 정리합니다.

❷ 비계는 양쪽 시접끼리 꿰매어 고리 모양으로 만든 후 그 안에 살코기를 집어넣습니다.

❸ 사진을 참고하여 흰색 실로 로스트비프를 묶습니다.

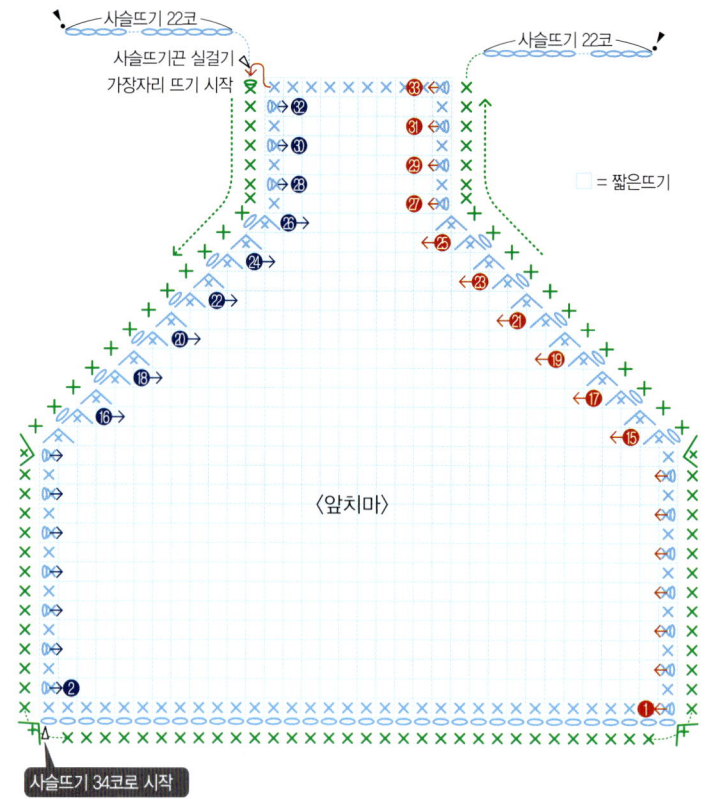
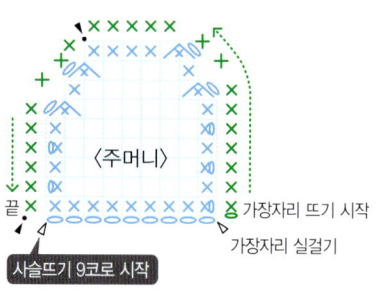
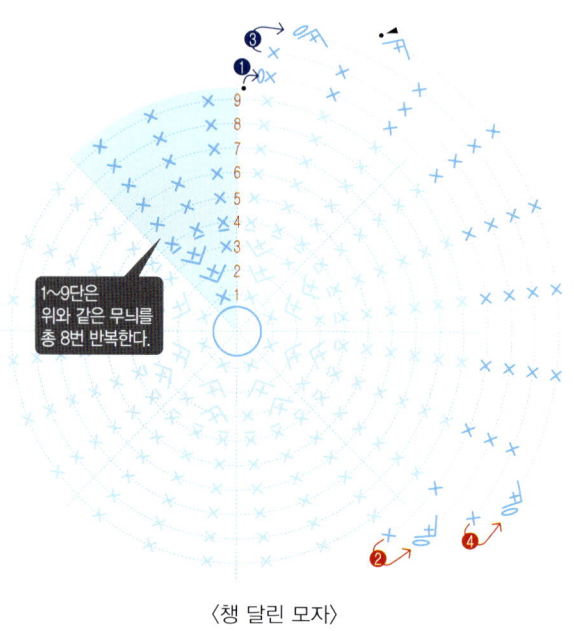

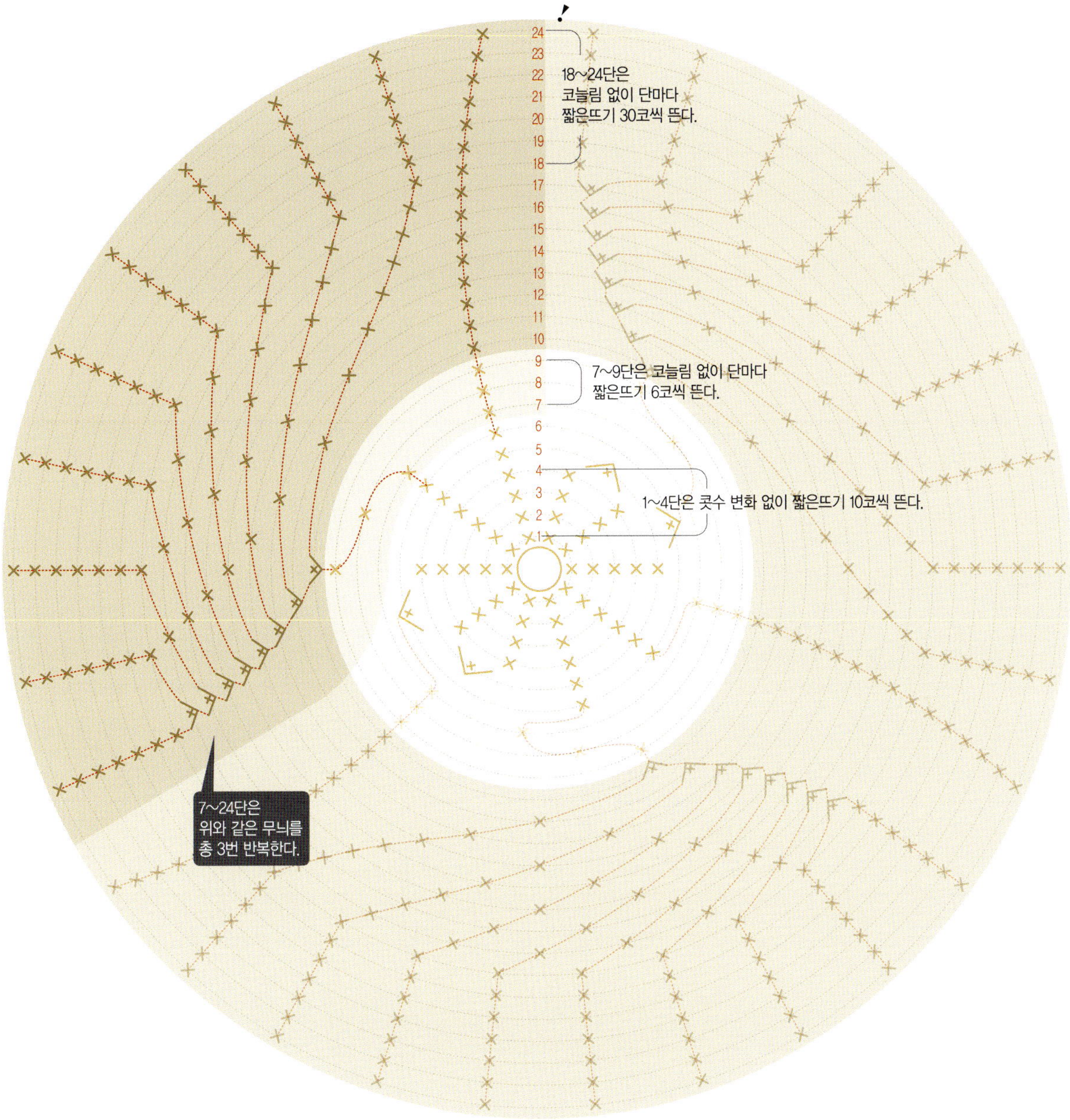

18~24단은 코늘림 없이 단마다 짧은뜨기 30코씩 뜬다.

7~9단은 코늘림 없이 단마다 짧은뜨기 6코씩 뜬다.

1~4단은 콧수 변화 없이 짧은뜨기 10코씩 뜬다.

7~24단은 위와 같은 무늬를 총 3번 반복한다.

〈넓적다리 본체〉

〈고기 잘린 면〉

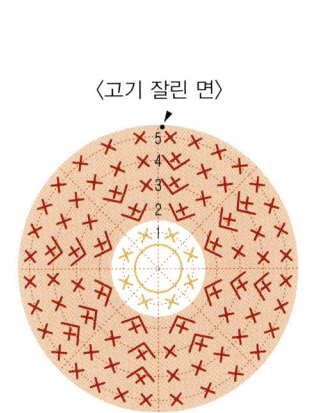

〈줄줄이 소시지〉

나선형으로 돌려뜨기

원형 고리에 짧은뜨기 8코로 시작

117

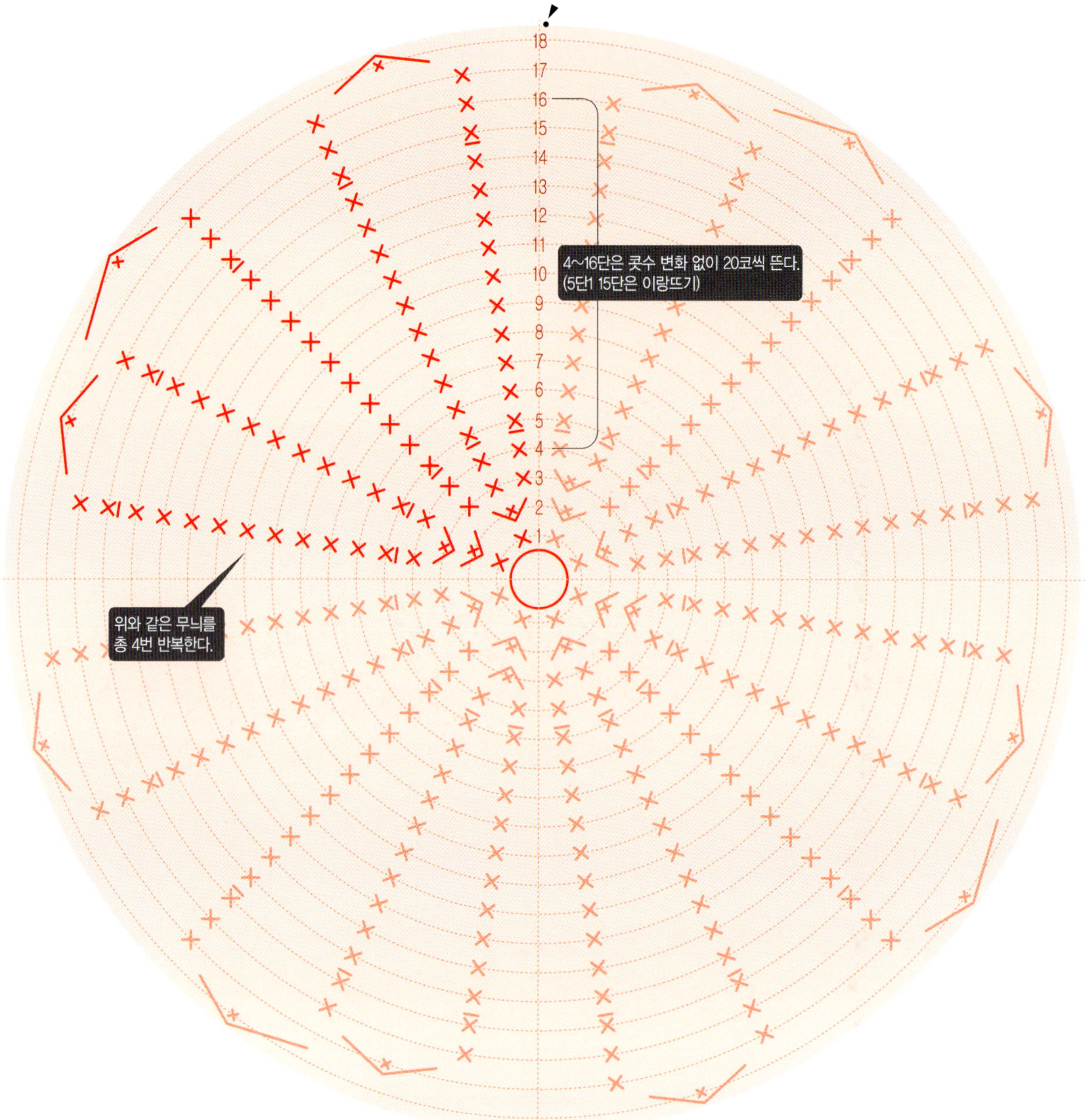

18
17
16
15
14
13
12
11
10
9
8
7
6
5
4
3
2
1
4~16단은 콧수 변화 없이 20코씩 뜬다.
(5단1 15단은 이랑뜨기)
위와 같은 무늬를
총 4번 반복한다.

〈살코기〉

〈비계〉
❶
❷
❸
❹
❺
사슬뜨기 36코로 시작

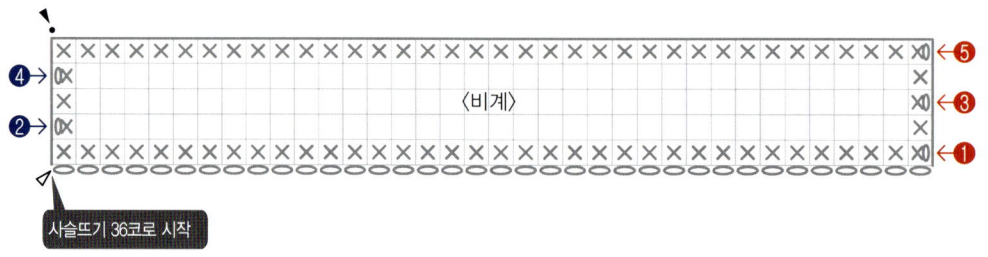

# Note

# Histoire de famille
### 가족의 역사

## Le couffin-carotte
당근 모양 침낭

## Petit sac à goûter
간식용 작은 바구니

## Moment câlin
포옹하는 순간

## Miam !
냠냠!

## *Le lapin* 토끼

### 토끼 준비물

- 실 : 아크릴 100%로 구성된 코바늘 3.5mm(6호)에 알맞은 굵기의 실. 아이보리색 실 2볼
- 양모펠트 : 분홍색
- 인형 눈 : 지름 1cm 무광 검은색 나사 눈 2개
- 장난감용 구름솜
- 코바늘 3.0mm(5호)
- 가위, 돗바늘, 펠트용 바늘

### 머리 만들기

실로 원형 고리를 만듭니다. 나선형으로 돌리며 작업합니다.

| 단수 | 콧수 | 설명 |
|---|---|---|
| 1단 | 8코 | ✚×8<br>실로 고리를 만들어 짧은뜨기 8코 뜨기 |
| 2단 | 16코 | ✧×8<br>(짧은뜨기 1코 늘려뜨기) 8번 뜨기 |
| 3단 | 24코 | (✚×1, ✧×1)×8<br>(짧은뜨기 1코, 짧은뜨기 1코 늘려뜨기) 8번 뜨기 |
| 4단 | 32코 | (✚×2, ✧×1)×8<br>(짧은뜨기 2코, 짧은뜨기 1코 늘려뜨기) 8번 뜨기 |
| 5단 | 40코 | (✚×3, ✧×1)×8<br>(짧은뜨기 3코, 짧은뜨기 1코 늘려뜨기) 8번 뜨기 |
| 6단 | 48코 | (✚×4, ✧×1)×8<br>(짧은뜨기 4코, 짧은뜨기 1코 늘려뜨기) 8번 뜨기 |
| 7~19단<br>(총 13단) | 48코 | {✚×48}×13단<br>코늘림 없이 짧은뜨기 13단 뜨기 |
| 20단 | 40코 | (✚×4, ✦×1)×8<br>(짧은뜨기 4코, 짧은뜨기 2코 모아뜨기) 8번 뜨기 |
| 21단 | 32코 | (✚×3, ✦×1)×8<br>(짧은뜨기 3코, 짧은뜨기 2코 모아뜨기) 8번 뜨기 |
| 22단 | 24코 | (✚×2, ✦×1)×8<br>(짧은뜨기 2코, 짧은뜨기 2코 모아뜨기) 8번 뜨기 |
| 23단 | 16코 | (✚×1, ✦×1)×8, ●×1<br>① (짧은뜨기 1코, 짧은뜨기 2코 모아뜨기) 8번 뜨기<br>② 마지막에 빼뜨기 1코 후 실을 자르고 마무리하기 |

### 다리, 몸통 만들기

실로 원형 고리를 만듭니다. 나선형으로 돌리며 작업합니다.

| 단수 | 콧수 | 설명 |
|---|---|---|
| **첫 번째 다리** | | |
| \multicolumn{3}{l}{실로 원형 고리를 만듭니다. 나선형으로 돌리며 작업합니다.} |
| 1단 | 12코 | ✚×12<br>실로 고리를 만들어 짧은뜨기 12코 뜨기 |
| 2단~<br>30단<br>(총 29단) | 12코 | {✚×12}×29단, ●×1<br>① 코늘림 없이 짧은뜨기 29단 뜨기<br>② 마지막에 빼뜨기 1코 후 실을 자르고 마무리하기 |

**두 번째 다리**
첫 번째 다리와 같은 방법으로 30단까지 뜨고 마지막에 실을 자르지 않습니다.

**몸통**
두 번째 다리에서 실을 끊지 않고 연결해서 나선형으로 돌려 뜹니다.

| 단수 | 콧수 | 설명 |
|---|---|---|
| 31단 | 32코 | ① ○×4, ✚×12, ○×4, ✚×12<br>사슬뜨기 4코, 첫 번째 다리에 짧은뜨기 12코, 사슬뜨기 4코, 두 번째 다리에 짧은뜨기 12코<br>② 다리에 구름솜 채우기 |
| 32단 | 32코 | ✚×32<br>사슬코에 바늘 넣어 짧은뜨기 4코, 첫 번째 다리에 짧은뜨기 12코, 사슬코에 바늘 넣어 짧은뜨기 4코, 두 번째 다리에 짧은뜨기 12코 |
| 33단~<br>44단<br>(총 12단) | 32코 | ① 계속해서 나선형으로 돌려가며 작업하기<br>② {✚×32}×12단<br>코늘림 없이 짧은뜨기 12단 뜨기 |

| 단 | 콧수 | 설명 |
|---|---|---|
| 45단 | 30코 | ✚×9, ⇧×1, ✚×14, ⇧×1, ✚×5<br>짧은뜨기 9코, 짧은뜨기 2코 모아뜨기, 짧은뜨기 14코, 짧은뜨기 2코 모아뜨기, 짧은뜨기 5코 |
| 46단 | 28코 | ✚×9, ⇧×1, ✚×12, ⇧×1, ✚×5<br>짧은뜨기 9코, 짧은뜨기 2코 모아뜨기, 짧은뜨기 12코, 짧은뜨기 2코 모아뜨기, 짧은뜨기 5코 |
| 47단 | 26코 | ✚×8, ⇧×1, ✚×12, ⇧×1, ✚×4<br>짧은뜨기 8코, 짧은뜨기 2코 모아뜨기, 짧은뜨기 12코, 짧은뜨기 2코 모아뜨기, 짧은뜨기 4코 |
| 48단 | 24코 | ✚×8, ⇧×1, ✚×10, ⇧×1, ✚×4<br>짧은뜨기 8코, 짧은뜨기 2코 모아뜨기, 짧은뜨기 10코, 짧은뜨기 2코 모아뜨기, 짧은뜨기 4코 |
| 49단 | 22코 | ✚×7, ⇧×1, ✚×10, ⇧×1, ✚×3<br>짧은뜨기 7코, 짧은뜨기 2코 모아뜨기, 짧은뜨기 10코, 짧은뜨기 2코 모아뜨기, 짧은뜨기 3코 |
| 50단 | 20코 | ✚×7, ⇧×1, ✚×8, ⇧×1, ✚×3<br>짧은뜨기 7코, 짧은뜨기 2코 모아뜨기, 짧은뜨기 8코, 짧은뜨기 2코 모아뜨기, 짧은뜨기 3코 |
| 51단 | 18코 | ✚×6, ⇧×1, ✚×8, ⇧×1, ✚×2<br>짧은뜨기 6코, 짧은뜨기 2코 모아뜨기, 짧은뜨기 8코, 짧은뜨기 2코 모아뜨기, 짧은뜨기 2코 |
| 52단 | 16코 | ✚×6, ⇧×1, ✚×6, ⇧×1, ✚×2, ●×1<br>① 짧은뜨기 6코, 짧은뜨기 2코 모아뜨기, 짧은뜨기 6코, 짧은뜨기 2코 모아뜨기, 짧은뜨기 2코<br>② 마지막에 빼뜨기 1코 후 실을 자르고 마무리하기 |

## 귀 만들기(×2)

실로 원형 고리를 만듭니다. 나선형으로 돌리며 작업합니다.

| 단수 | 콧수 | 설명 |
|---|---|---|
| 1단 | 6코 | ✚×6<br>실로 고리를 만들어 짧은뜨기 6코 뜨기 |
| 2단 | 8코 | (✚×2, ⇩×1)×2<br>(짧은뜨기 2코, 짧은뜨기 1코 늘려뜨기) 2번 뜨기 |
| 3단 | 10코 | (✚×3, ⇩×1)×2<br>(짧은뜨기 3코, 짧은뜨기 1코 늘려뜨기) 2번 뜨기 |
| 4단 | 12코 | (✚×4, ⇩×1)×2<br>(짧은뜨기 4코, 짧은뜨기 1코 늘려뜨기) 2번 뜨기 |
| 5단 | 14코 | (✚×5, ⇩×1)×2<br>(짧은뜨기 5코, 짧은뜨기 1코 늘려뜨기) 2번 뜨기 |
| 6단 | 16코 | (✚×6, ⇩×1)×2<br>(짧은뜨기 6코, 짧은뜨기 1코 늘려뜨기) 2번 뜨기 |
| 7~20단<br>(총 14단) | 16코 | {✚×16}×14단<br>① 코늘림 없이 짧은뜨기 14단 뜨기<br>② 마지막에 빼뜨기 1코 후 실을 자르고 마무리하기 |

## 팔 만들기

p.21의 설명처럼 뜹니다.

## 연결하기

p.21에서 설명한 방법처럼 연결합니다.

❶ 눈은 머리의 14번째 단에 고정하는데, 눈과 눈 사이를 10코 띄웁니다.

❷ 16번째 단과 18번째 단 사이에 양모펠트와 펠트용 바늘로 삼각형으로 코 모양을 만듭니다. (p.12 참고)

❸ 귀의 아랫부분을 약간 접은 채로 머리 위에 귀를 답니다.

## 분홍색 의상 준비물

- 실 : 아크릴 100%로 구성된 코바늘 3.5mm(6호)에 알맞은 굵기의 실. 분홍색 실 1볼
- 리본 끈 : 분홍색 4×40cm
- 코바늘 3.0mm(5호)
- 가위, 돗바늘

## 우주복 만들기

| 단수 | 콧수 | 설명 |
|---|---|---|
| 첫 번째 다리 | | |
| 분홍색 실로 사슬뜨기 16코를 뜬 후, 첫코에 빼뜨기하여 원형 고리를 만듭니다. 나선형으로 돌리며 작업합니다. | | |
| 1단 | 16코 | ⊖×1, ✚×16<br>사슬뜨기(기둥코) 1코, 짧은뜨기 16코 |
| 2~8단<br>(총 7단) | 16코 | {✚×16}×7단, ●×1<br>① 코늘림 없이 짧은뜨기 7단 뜨기<br>② 마지막에 빼뜨기 1코 후 실을 자르고 마무리하기 |
| 두 번째 다리 | | |
| 첫 번째 다리와 같은 방법으로 8단까지 뜨고 마지막에 실을 자르지 않습니다. | | |
| 몸판 | | |
| 두 번째 다리에서 연결해서 나선형으로 돌려 뜹니다. | | |
| 9단 | 40코 | ⊖×4, ✚×16, ⊖×4, ✚×16<br>사슬뜨기 4코, 첫 번째 다리에 짧은뜨기 16코, 사슬뜨기 4코, 두 번째 다리에 짧은뜨기 16코 |
| 10단 | 40코 | ✚×40<br>사슬코에 바늘 넣어 짧은뜨기 4코, 첫 번째 다리에 짧은뜨기 16코, 사슬코에 바늘 넣어 짧은뜨기 4코, 두 번째 다리에 짧은뜨기 16코 |
| 11~16단<br>(총 6단) | 40코 | {✚×40}×6단<br>코늘림 없이 짧은뜨기 6단 뜨기 |
| 17단 | 38코 | ✚×12, ✦×1, ✚×16, ✦×1, ✚×8<br>짧은뜨기 12코, 짧은뜨기 2코 모아뜨기, 짧은뜨기 16코, 짧은뜨기 2코 모아뜨기, 짧은뜨기 8코 |
| 18단 | 36코 | ✚×11, ✦×1, ✚×16, ✦×1, ✚×7<br>짧은뜨기 11코, 짧은뜨기 2코 모아뜨기, 짧은뜨기 16코, 짧은뜨기 2코 모아뜨기, 짧은뜨기 7코 |
| 19단 | 34코 | ✚×11, ✦×1, ✚×14, ✦×1, ✚×7<br>짧은뜨기 11코, 짧은뜨기 2코 모아뜨기, 짧은뜨기 14코, 짧은뜨기 2코 모아뜨기, 짧은뜨기 7코 |
| 20단 | 32코 | ✚×10, ✦×1, ✚×14, ✦×1, ✚×6<br>짧은뜨기 10코, 짧은뜨기 2코 모아뜨기, 짧은뜨기 14코, 짧은뜨기 2코 모아뜨기, 짧은뜨기 6코 |
| 21단 | 30코 | ✚×10, ✦×1, ✚×12, ✦×1, ✚×6<br>짧은뜨기 10코, 짧은뜨기 2코 모아뜨기, 짧은뜨기 12코, 짧은뜨기 2코 모아뜨기, 짧은뜨기 6코 |
| 22단 | 28코 | ✚×9, ✦×1, ✚×12, ✦×1, ✚×5<br>짧은뜨기 9코, 짧은뜨기 2코 모아뜨기, 짧은뜨기 12코, 짧은뜨기 2코 모아뜨기, 짧은뜨기 5코 |
| 23단 | 26코 | ✚×9, ✦×1, ✚×10, ✦×1, ✚×5<br>짧은뜨기 9코, 짧은뜨기 2코 모아뜨기, 짧은뜨기 10코, 짧은뜨기 2코 모아뜨기, 짧은뜨기 5코 |
| 24단 | 14코와 진동 둘레 2개 (사슬뜨기 11코씩) | ✚×7, ⊖×11, (6코 건너기), ✚×4, ⊖×11, (6코 건너기), ✚×3<br>짧은뜨기 7코, 사슬뜨기 11코, (6코는 뜨지 않고), 짧은뜨기 4코, 사슬뜨기 11코, (6코는 뜨지 않고), 짧은뜨기 3코 |
| 25단 | 36코 | ✚×36, ●×1<br>① 사슬뜨기 포함 모든 코에 짧은뜨기 1코씩 뜨기<br>② 마지막에 빼뜨기 1코 후 실을 자르고 마무리하기 |

## 마무리하기

① 남은 실은 안쪽으로 넣어 정리합니다.
② 감침질 4땀으로 다리 사이의 구멍을 막습니다.
③ 바지 밑단을 2단 접습니다.

## 조끼 만들기

| 단수 | 콧수 | 설명 |
|---|---|---|
| 첫 번째 앞판 | | |
| 실로 사슬뜨기 18코를 뜬 후 단뜨기로 진행합니다. | | |
| 1단<br>(겉면) | 짧은뜨기 8코,<br>1길 긴뜨기 10코 | ⊖×1, ✚×8, ╤×10<br>사슬뜨기(기둥코) 1코, 짧은뜨기 8코, 1길 긴뜨기 10코 |
| 2단 | 1길 긴뜨기 10코,<br>짧은뜨기 8코 | ⊖×3, ╤×9, ✚×8<br>사슬뜨기 3코(=1길 긴뜨기 1코), 1길 긴뜨기 9코, 짧은뜨기 8코 |
| 3단 | 짧은뜨기 8코,<br>1길 긴뜨기 10코 | ⊖×1, ✚×8, ╤×10<br>사슬뜨기(기둥코) 1코, 짧은뜨기 8코, 1길 긴뜨기 10코 |

| 단 | 코수 | 설명 |
|---|---|---|
| 4단 | 1길 긴뜨기 10코, 짧은뜨기 8코 | ○×3, ┬×9, ┼×8<br>사슬뜨기 3코(=1길 긴뜨기 1코), 1길 긴뜨기 9코, 짧은뜨기 8코 |
| 5단 | 짧은 뜨기 8코, 1길 긴뜨기 10코 | ○×1, ┼×8, ┬×10<br>사슬뜨기(기둥코) 1코, 짧은뜨기 8코, 1길 긴뜨기 10코 |
| 6단 | 1길 긴뜨기 10코, 짧은 뜨기 8코 | ○×3, ┬×9, ┼×8<br>사슬뜨기 3코(=1길 긴뜨기 1코), 1길 긴뜨기 9코, 짧은뜨기 8코 |

**뒤판**

| 단 | 코수 | 설명 |
|---|---|---|
| 7단 | 18코<br>(사슬코 포함) | ○×1, ┼×1, ○×7, (7코 건너기), ┬×10코<br>사슬뜨기(기둥코) 1코, 첫코에 짧은뜨기 1코, 사슬뜨기 7코, (7코는 뜨지 않고), 1길 긴뜨기 10코 |
| 8단 | 1길 긴뜨기 10코, 짧은 뜨기 8코 | ○×3, ┬×9, ┼×8<br>사슬뜨기 3코(=1길 긴뜨기 1코), 1길 긴뜨기 9코, 사슬코에 짧은뜨기 7코, 마지막 코에 짧은뜨기 1코 |
| 9단 | 짧은 뜨기 8코, 1길 긴뜨기 10코 | ○×1, ┼×8, ┬×10<br>사슬뜨기(기둥코) 1코, 짧은뜨기 8코, 1길 긴뜨기 10코 |
| 10단 | 1길 긴뜨기 10코, 짧은 뜨기 8코 | ○×3, ┬×9, ┼×8<br>사슬뜨기 3코(=1길 긴뜨기 1코), 1길 긴뜨기 9코, 짧은뜨기 8코 |
| 11~20단<br>(총 9단) | 18코 | {9단~10단}×5<br>{9단~10단}과 같이 5번 뜨기 |

**두 번째 앞판**

| 단 | 코수 | 설명 |
|---|---|---|
| 21단 | 18코<br>(사슬코 포함) | ○×1, ┼×1, ○×7, (7코 건너기), 1길 긴뜨기 10코<br>사슬뜨기(기둥코) 1코, 첫코에 짧은뜨기 1코, 사슬뜨기 7코, (7코는 뜨지 않고), 1길 긴뜨기 10코 |
| 22단 | 1길 긴뜨기 10코, 짧은 뜨기 8코 | ○×3, ┬×9, ┼×8<br>사슬뜨기 3코(=1길 긴뜨기 1코), 1길 긴뜨기 9코, 사슬코에 짧은뜨기 7코, 마지막 코에 짧은뜨기 1코 |
| 23단 | 짧은 뜨기 8코, 1길 긴뜨기 10코 | ○×1, ┼×8, ┬×10<br>사슬뜨기(기둥코) 1코, 짧은뜨기 8코, 1길 긴뜨기 10코 |
| 24단 | 1길 긴뜨기 10코, 짧은 뜨기 8코 | ○×3, ┬×9, ┼×8<br>사슬뜨기 3코(=1길 긴뜨기 1코), 1길 긴뜨기 9코, 짧은뜨기 8코 |
| 25단 | 짧은 뜨기 8코, 1길 긴뜨기 10코 | ○×1, ┼×8, ┬×10<br>사슬뜨기(기둥코) 1코, 짧은뜨기 8코, 1길 긴뜨기 10코 |
| 26단 | 1길 긴뜨기 10코, 짧은 뜨기 8코 | ○×3, ┬×9, ┼×8<br>사슬뜨기 3코(=1길 긴뜨기 1코), 1길 긴뜨기 9코, 짧은뜨기 8코 |
| 27단 | 짧은 뜨기 8코, 1길 긴뜨기 10코 | ○×1, ┼×8, ┬×10<br>① 사슬뜨기(기둥코) 1코, 짧은뜨기 8코, 1길 긴뜨기 10코<br>② 실을 자르고 마무리하기 |

**가장자리 뜨기**

1. 사슬뜨기 20코를 뜨고, 편물의 겉면에서 목둘레에 짧은뜨기 27코를 뜬 후 사슬뜨기 20코를 뜹니다.
2. 실을 자르고 마무리합니다.

## 마무리하기

❶ 남은 실은 안쪽으로 넣어 정리합니다.

❷ 목둘레에 있는 사슬 끈 2개를 같이 묶습니다.

❸ 토끼의 목에 분홍색 리본 끈으로 리본을 묶습니다.

## 신발 만들기(×2)

| 단수 | 콧수 | 설명 |
|---|---|---|
| | | 사슬뜨기 4코를 뜬 후 단뜨기로 진행합니다. |
| 1~6단<br>(총 6단) | 4코 | {◯×1, ╋×4}×6단<br>{사슬뜨기(기둥코) 1코, 짧은뜨기 4코}<br>6단 뜨기 |
| | | 6단까지 뜬 후 나선형으로 돌려가며 뜹니다. |
| 7단 | 18코 | ╋×18<br>계속해서 편물을 옆면으로 돌려서 짧은뜨기 5코, 시작단인 사슬코 쪽으로 편물을 돌려서 짧은뜨기 4코, 옆면으로 편물을 돌려서 짧은뜨기 5코, 6번째 단 쪽으로 편물을 돌려서 짧은뜨기 4코 |
| 8단 | 18코 | ┴×18<br>뒤쪽 반 코에 바늘 걸어 이랑뜨기 18코 |
| 9단 | 18코 | ⋏×1, ╋×10, ⋏×3, ⬬×1<br>① 1길 긴뜨기 2코 모아뜨기, 짧은뜨기 10코, (1길 긴뜨기 2코 모아뜨기) 3번 뜨기<br>② 마지막에 빼뜨기 1코 후, 실을 자르고 마무리하기<br>③ 남은 실은 안쪽으로 넣어 정리하기 |

## 바구니 준비물

- 실 : 아크릴 100%로 구성된 코바늘 3.5mm(6호)에 알맞은 굵기의 실, 분홍색 실 1볼
- 분홍색 체크무늬 면직물 : 12×12cm
- 코바늘 3.0mm(5호)
- 돗바늘, 바느질 도구, 다리미, 재봉실

## 바구니 만들기

| 단수 | 콧수 | 설명 |
|---|---|---|
| | | **바구니 바닥**<br>실로 원형 고리를 만듭니다. 원형으로 돌리며 작업합니다. |
| 1단 | 1길 긴뜨기 12코, 사슬뜨기 4코 | ◯×4, (┬×3, ◯×1)×3, ┬×2, ⬬×1<br>사슬뜨기 3코(=1길 긴뜨기 1코), 사슬뜨기 1코, (원형 고리에 바늘 넣어 1길 긴뜨기 3코, 사슬뜨기 1코) 3번 반복, 원형 고리에 바늘 넣어 1길 긴뜨기 2코, 단의 처음 기둥코의 세 번째 사슬코에 빼뜨기 1코 |
| 2단 | 1길 긴뜨기 24코, 사슬뜨기 8코 | ◯×4, ┬×3, (◯×1, ┬×3, ◯×1, ┬×3)×3, ◯×1, ┬×2, ⬬×1<br>사슬뜨기 3코(=1길 긴뜨기 1코), 사슬뜨기 1코, 1단의 첫 번째 아치에 1길 긴뜨기 3코, (사슬뜨기 1코, 다음 아치에 서 1길 긴뜨기 3코, 사슬뜨기 1코, 같은 아치에서 1길 긴뜨기 3코) 3번 반복, 사슬뜨기 1코, 첫 번째 아치에서 1길 긴뜨기 2코, 마지막에 빼뜨기 1코 |
| 3단 | 1길 긴뜨기 36코, 사슬뜨기 12코 | ◯×4, ┬×3, (◯×1, ┬×3, ◯×1, ┬×3, ◯×1, ┬×3)×3, ◯×1, ┬×3, ◯×1, ┬×2, ⬬×1<br>사슬뜨기 3코(=1길 긴뜨기 1코), 사슬뜨기 1코, 2단의 첫 번째 아치에서 1길 긴뜨기 3코, (사슬뜨기 1코, 다음 아치에서 1길 긴뜨기 3코, 사슬뜨기 1코, 다음 아치에서 1길 긴뜨기 3코) 3번 반복, 사슬뜨기 1코, 다음 아치에서 1길 긴뜨기 3코, 사슬뜨기 1코, 첫 번째 아치에서 1길 긴뜨기 2코, 마지막에 빼뜨기 1코 |
| 4단 | 1길 긴뜨기 48코, 사슬뜨기 16코 | ◯×4, ┬×3, {(◯×1, ┬×3)×2, ◯×1, ┬×3, ◯×1, ┬×3}×3, ◯×1, ┬×3)×2, ◯×1, ┬×2, ⬬×1<br>사슬뜨기 3코(=1길 긴뜨기 1코), 사슬뜨기 1코, 3단의 첫 번째 아치에서 1길 긴뜨기 3코, {(사슬뜨기 1코, 다음 아치에서 1길 긴뜨기 3코) 2번 반복, 사슬뜨기 1코, 다음 아치에서 1길 긴뜨기 3코, 사슬뜨기 1코, 1길 긴뜨기 3코} 3번 반복, (사슬뜨기 1코, 다음 아치에서 1길 긴뜨기 3코) 2번 반복, 사슬뜨기 1코, 첫 번째 아치에서 1길 긴뜨기 2코, 마지막에 빼뜨기 1코 |
| 5단 | 1길 긴뜨기 60코, 사슬뜨기 20코 | ◯×4, ┬×3, {(◯×1, ┬×3)×3, ◯×1, ┬×3, ◯×1, ┬×3}×3, ◯×1, ┬×2, ⬬×1<br>사슬뜨기 3코(=1길 긴뜨기 1코), 사슬뜨기 1코, 4단의 첫 번째 아치에서 1길 긴뜨기 3코, {(사슬뜨기 1코, 다음 아치에서 1길 긴뜨기 3코) 3번 반복, 사슬뜨기 1코, 다음 아치에서 1길 긴뜨기 3코, 사슬뜨기 1코, 1길 긴뜨기 3코} 3번 반복, (사슬뜨기 1코, 다음 아치에서 1길 긴뜨기 3코) 3번 반복, 사슬뜨기 1코, 첫 번째 아치에서 1길 긴뜨기 2코, 마지막에 빼뜨기 1코 |
| | | **바구니 입구** |
| 6단 | 60코 | ◯×1, ╋×60, ⬬×1<br>사슬뜨기(기둥코) 1코, 모든 1길 긴뜨기마다 짧은뜨기 1코씩 뜨기, 마지막에 빼뜨기 1코 |
| 7단 | 30코 | ◯×1, ⚶×30, ⬬×1<br>사슬뜨기(기둥코) 1코, (짧은뜨기 2코 모아뜨기) 30번 뜨기, 마지막에 빼뜨기 1코 |
| 8~9단<br>(총 2단) | 30코 | {◯×1, ╋×30, ⬬×1}×2단<br>{사슬뜨기(기둥코) 1코, 짧은뜨기 30코, 마지막에 빼뜨기 1코} 2단 뜨기 |
| | | **바구니 손잡이** |
| 10단 | 짧은뜨기 18개와 손잡이 2개<br>(사슬뜨기 15코씩) | ◯×1, ╋×1, ◯×15, (6코 건너기), ╋×9, ◯×15, (6코 건너기), ╋×8, ⬬×1<br>사슬뜨기(기둥코) 1코, 짧은뜨기 1코, 사슬뜨기 15코, (6코는 뜨지 않기), 짧은뜨기 9코, 사슬뜨기 15코, (6코는 뜨지 않기), 짧은뜨기 8코, 마지막에 빼뜨기 1코 |

| 단수 | 콧수 | 설명 |
|---|---|---|
| 11단 | 48코 | ◯×1, ✚×48, ⬬×1<br>① 사슬뜨기(기둥코) 1코, 10단의 모든 짧은뜨기와 사슬코 마다 짧은뜨기 1코씩 뜨기, 마지막에 빼뜨기 1코<br>② 실을 자르고 마무리하기 |

## 마무리하기

❶ 남은 실은 안쪽으로 넣어 정리합니다.

❷ 분홍색 체크무늬 면직물을 사방 0.5cm씩 안쪽으로 접은 후 다림질합니다. 면직물을 바구니 안쪽에 넣은 후 가장자리를 감침질하여 꿰맵니다.

## 아이스크림 준비물

- 실 : 모 40%, 아크릴 40%, 모헤어 20%로 구성된 코바늘 4mm(7호)에 알맞은 굵기의 실. 베이지색 실 1볼(실 A)
- 실 : 아크릴 100%로 구성된 코바늘 3.5mm(6호)에 알맞은 굵기의 실. 노란색 실 1볼(실 B)
- 지름 1.5cm의 빨간 구슬 1개
- 장난감용 구름솜
- 코바늘 3.0mm(5호)
- 돗바늘, 바느질 도구, 재봉실

## 아이스크림 콘 만들기

베이지색 실(실 A)로 원형 고리를 만듭니다. 나선형으로 돌리며 작업합니다.

| 단수 | 콧수 | 설명 |
|---|---|---|
| 1단 | 6코 | ✚×6<br>실로 고리를 만들어 짧은뜨기 6코 뜨기 |
| 2단 | 8코 | (✚×2, ⇩×1)×2<br>(짧은뜨기 2코, 짧은뜨기 1코 늘려뜨기) 2번 뜨기 |
| 3단 | 10코 | (✚×3, ⇩×1)×2<br>(짧은뜨기 3코, 짧은뜨기 1코 늘려뜨기) 2번 뜨기 |
| 4단 | 12코 | (✚×4, ⇩×1)×2<br>(짧은뜨기 4코, 짧은뜨기 1코 늘려뜨기) 2번 뜨기 |
| 5단 | 14코 | (✚×5, ⇩×1)×2<br>(짧은뜨기 5코, 짧은뜨기 1코 늘려뜨기) 2번 뜨기 |
| 6단 | 16코 | (✚×6, ⇩×1)×2<br>(짧은뜨기 6코, 짧은뜨기 1코 늘려뜨기) 2번 뜨기 |
| 7단 | 18코 | (✚×7, ⇩×1)×2<br>(짧은뜨기 7코, 짧은뜨기 1코 늘려뜨기) 2번 뜨기 |
| 8단 | 20코 | (✚×8, ⇩×1)×2<br>(짧은뜨기 8코, 짧은뜨기 1코 늘려뜨기) 2번 뜨기 |
| 9~11단<br>(총 3단) | 20코 | {✚×20}×3단, ⬬×1<br>① 코늘림 없이 짧은뜨기하여 3단 뜨기<br>② 마지막에 빼뜨기 1코 후 실을 자르고 마무리하기 |

## 둥근 아이스크림 만들기

노란색 실(실 B)로 원형 고리를 만듭니다. 나선형으로 돌리며 작업합니다.

| 단수 | 콧수 | 설명 |
|---|---|---|
| 1단 | 8코 | ✚×8<br>실로 고리를 만들어 짧은뜨기 8코 뜨기 |
| 2단 | 16코 | ⇩×8<br>(짧은뜨기 1코 늘려뜨기) 8번 뜨기 |
| 3단 | 24코 | (✚×1, ⇩×1)×8<br>(짧은뜨기 1코, 짧은뜨기 1코 늘려뜨기) 8번 뜨기 |
| 4~9단<br>(6단) | 24코 | {✚×24}×2<br>코늘림 없이 짧은뜨기 6단 뜨기 |
| 10단 | 14코 | ⬬×1, 1코 건너기, ⋎×1, (1코 건너기, ⬬×1, 1코 건너기, ⋎×1)×5, 1코 건너기, ⬬×1<br>① 빼뜨기 1코, 1코는 뜨지 않고 1길 긴뜨기 2코 늘려뜨기, (1코는 뜨지 않고, 빼뜨기 1코, 1코는 뜨지 않고, 1길 긴뜨기 2코 늘려뜨기) 5번 반복, 1코는 뜨지 않고, 빼뜨기 1코<br>② 실을 자르고 마무리하기 |

## 마무리하기

❶ 남은 실은 안쪽으로 넣어 정리합니다.

❷ 둥근 아이스크림 꼭대기에 빨간 구슬을 꿰맵니다.

❸ 콘과 아이스크림에 솜을 채워 넣습니다.

❹ 아이스크림 아래에 콘을 잘 끼워 맞춘 후 보이지 않게 잘 꿰맵니다.

> **응용하기 Tip**
>
> 딸기, 바닐라, 피스타치오 아몬드 아이스크림 등 여러분이 원하는 맛으로 실 색상을 선택하세요. 아주 단 아이스크림을 좋아한다면 콘의 처음 2단을 초콜릿 색상으로 떠보세요.

## Le bébé lapin  아기 토끼

### 아기 토끼 준비물

- 실 : 아크릴 100%로 구성된 코바늘 3.5mm(6호)에 알맞은 굵기의 실. 아이보리색 실 1볼(실 A), 분홍색 실 1볼(실 B)
- 인형 눈 : 지름 0.8cm 무광 검은색 나사 눈 2개
- 장난감용 구름솜
- 코바늘 3.0mm(5호)
- 분홍색 펜(볼터치용)
- 가위, 돗바늘

### 머리 만들기

아이보리색 실(실 A)로 원형 고리를 만듭니다. 나선형으로 돌리며 작업합니다.

| 단수 | 콧수 | 색상 | 설명 |
|---|---|---|---|
| 1단 | 8코 | 아이보리색 | +×8<br>실로 고리를 만들어 짧은뜨기 8코 뜨기 |
| 2단 | 16코 | | ✥×8<br>(짧은뜨기 1코 늘려뜨기) 8번 뜨기 |
| 3단 | 24코 | | (+×1, ✥×1)×8<br>(짧은뜨기 1코, 짧은뜨기 1코 늘려뜨기) 8번 뜨기 |
| 4단 | 32코 | | (+×2, ✥×1)×8<br>(짧은뜨기 2코, 짧은뜨기 1코 늘려뜨기) 8번 뜨기 |
| 5~14단<br>(총 10단) | 32코 | | {+×32}×10단<br>코늘림 없이 짧은뜨기 10단 뜨기 |
| 15단 | 24코 | | (+×2, ⚲×1)×8<br>(짧은뜨기 2코, 짧은뜨기 2코 모아뜨기) 8번 뜨기 |
| 16단 | 16코 | | (+×1, ⚲×1)×8<br>(짧은뜨기 1코, 짧은뜨기 2코 모아뜨기) 8번 뜨기 |
| 17단 | 8코 | 아이보리색 | ⚲×8, ●×1<br>① (짧은뜨기 2코 모아뜨기) 8번 뜨기<br>② 마지막에 빼뜨기 1코 후, 실을 자르고 마무리하기 |

### 다리와 몸통 만들기

| 단수 | 콧수 | 색상 | 설명 |
|---|---|---|---|
| | | | **첫 번째 다리**<br>분홍색 실(실 B)로 원형 고리를 만듭니다. 나선형으로 돌리며 작업합니다. |
| 1단 | 8코 | 분홍색 | +×8<br>실로 고리를 만들어 짧은뜨기 8코 뜨기 |
| 2단~<br>18단<br>(총 17단) | 8코 | | {+×8}×17단, ●×1<br>① 코늘림 없이 짧은뜨기 17단 뜨기<br>② 마지막에 빼뜨기 1코 후 실을 자르고 마무리하기 |
| | | | **두 번째 다리**<br>첫 번째 다리와 같은 방법으로 18단까지 뜨고 마지막에 실을 자르지 않습니다. |
| | | | **몸통**<br>두 번째 다리에서 실을 끊지 않고 연결해서 나선형으로 돌려 뜹니다. |
| 19단 | 20코 | 분홍색 | ① ○×2, +×8, ○×2, +×8<br>사슬뜨기 2코, 첫 번째 다리에 짧은뜨기 8코, 사슬뜨기 2코, 두 번째 다리에 짧은뜨기 8코<br>② 다리에 구름솜 채우기 |
| 20단 | 20코 | | +×20<br>사슬코에 바늘 넣어 짧은뜨기 2코, 첫 번째 다리에 짧은뜨기 8코, 사슬코에 바늘 넣어 짧은뜨기 2코, 두 번째 다리에 짧은뜨기 8코 |
| 21단~<br>28단<br>(총 8단) | 20코 | | {+×20}×8단<br>코늘림 없이 짧은뜨기 8단 뜨기 |
| 29단 | 16코 | | +×4, ⚲×2, +×6, ⚲×2, +×2<br>짧은뜨기 4코, (짧은뜨기 2코 모아뜨기) 2번 뜨기, 짧은뜨기 6코, (짧은뜨기 2코 모아뜨기) 2번 뜨기, 짧은뜨기 2코 |
| 30단 | 12코 | | +×3, ⚲×2, +×4, ⚲×2, +×1<br>짧은뜨기 3코, (짧은뜨기 2코 모아뜨기) 2번 뜨기, 짧은뜨기 4코, (짧은뜨기 2코 모아뜨기) 2번 뜨기, 짧은뜨기 1코 |

| 단수 | 콧수 | 색상 | 설명 |
|---|---|---|---|
| 31단 | 8코 | 분홍색 | ✚×2, ✤×2, ✚×2, ✤×2, ⬬×1<br>① 짧은뜨기 2코, (짧은뜨기 2코 모아뜨기) 2번 뜨기, 짧은뜨기 2코, (짧은뜨기 2코 모아뜨기) 2번 뜨기<br>② 마지막에 빼뜨기 1코 후 실을 자르고 마무리하기 |

## 팔 만들기(×2)

아이보리색 실(실 A)로 원형 고리를 만듭니다. 나선형으로 돌리며 작업합니다.

| 단수 | 콧수 | 색상 | 설명 |
|---|---|---|---|
| 1단 | 6코 | 아이보리색 | ✚×6<br>실로 고리를 만들어 짧은뜨기 6코 뜨기 |
| 2~4단 (총 3단) | 6코 | | {✚×6}×3단<br>코늘림 없이 짧은뜨기 3단 뜨기 |
| 5~16단 (총 12단) | 6코 | 분홍색 | {✚×6}×12단, ⬬×1<br>① 코늘림 없이 짧은뜨기 12단 뜨기<br>② 마지막에 빼뜨기 1코 후 실을 자르고 마무리하기 |

## 귀 만들기(×2)

아이보리색 실(실 A)로 원형 고리를 만듭니다. 나선형으로 돌리며 작업합니다.

| 단수 | 콧수 | 색상 | 설명 |
|---|---|---|---|
| 1단 | 4코 | 아이보리색 | ✚×4<br>실로 고리를 만들어 짧은뜨기 4코 뜨기 |
| 2단 | 6코 | | (✚×1, ✥×1)×2<br>(짧은뜨기 1코, 짧은뜨기 1코 늘려뜨기) 2번 뜨기 |
| 3단 | 8코 | | (✚×2, ✥×1)×2<br>(짧은뜨기 2코, 짧은뜨기 1코 늘려뜨기) 2번 뜨기 |
| 4단 | 10코 | | (✚×3, ✥×1)×2<br>(짧은뜨기 3코, 짧은뜨기 1코 늘려뜨기) 2번 뜨기 |
| 5단 | 12코 | | (✚×4, ✥×1)×2<br>(짧은뜨기 4코, 짧은뜨기 1코 늘려뜨기) 2번 뜨기 |
| 6~15단 (총 10단) | 12코 | | {✚×12}×10단, ⬬×1<br>① 코늘림 없이 짧은뜨기 10단 뜨기<br>② 마지막에 빼뜨기 1코 후 실을 자르고 마무리하기 |

## 연결하기

❶ 남은 실은 안쪽으로 넣어 정리합니다.

❷ 감침질 2땀으로 다리 사이의 구멍을 막습니다.

❸ 몸통에 솜을 채워 넣습니다.

❹ 눈은 머리의 11번째 단에 고정하며 눈과 눈 사이는 7코 띄웁니다.

❺ 머리에 솜을 채우고, 몸통 위에 머리를 1코 1코씩 답니다.

❻ 팔을 몸통에 답니다. 이때 머리 바로 아랫부분에 답니다.

❼ 귀의 아랫부분을 약간 접은 채로 머리 위에 귀를 답니다.

❽ 분홍색 실로 크게 X자로 수놓아 입을 표현합니다.

❾ 볼 터치용 분홍색 펜으로 볼 터치를 합니다.

(역자 : 볼 터치용 일반 화장품을 사용해도 됩니다.)

### 모자 준비물

- 실 : 아크릴 100%로 구성된 코바늘 3.5mm(6호)에 알맞은 굵기의 실. 분홍색 실 1볼
- 코바늘 3.0mm(5호)
- 가위, 돗바늘

### 모자 만들기

분홍색 실로 원형 고리를 만듭니다. 나선형으로 돌리며 작업합니다.

| 단수 | 콧수 | 설명 |
|---|---|---|
| 모자 뒤통수 | | |
| 1단 | 8코 | +×8<br>실로 고리를 만들어 짧은뜨기 8코 뜨기 |
| 2단 | 16코 | ⇩×8<br>(짧은뜨기 1코 늘려뜨기) 8번 뜨기 |
| 3단 | 24코 | (+×1, ⇩×1)×8<br>(짧은뜨기 1코, 짧은뜨기 1코 늘려뜨기) 8번 뜨기 |
| 4단 | 32코 | (+×2, ⇩×1)×8<br>(짧은뜨기 2코, 짧은뜨기 1코 늘려뜨기) 8번 뜨기 |
| 5단 | 34코 | (+×15, ⇩×1)×2<br>(짧은뜨기 15코, 짧은뜨기 1코 늘려뜨기) 2번 뜨기 |
| 6~9단<br>(총 4단) | 34코 | {+×34}×4단<br>코늘림 없이 짧은뜨기 4단 뜨기 |
| 귀 나오는 구멍 | | |
| 10단 | 24코 | +×14, (◯×5, 5코 건너기, +×5)×2<br>짧은뜨기 14코, (사슬뜨기 5코, 5코는 뜨지 않고, 짧은뜨기 5코) 2번 뜨기 |
| 11단 | 34코 | +×34<br>모든 짧은뜨기와 사슬코마다 짧은뜨기 1코씩 뜨기 |
| 모자 앞 부분과 오른쪽 끈 | | |
| 편물을 뒤로 돌려 단뜨기로 진행합니다. | | |
| 12단<br>(안쪽 면) | 25코 | ◯×1, +×25<br>사슬뜨기(기둥코) 1코, 짧은뜨기 25코 뜨고 편물을 뒤로 돌리기 |
| 13단 | 25코 | ① ◯×1, +×25, ◯×28<br>사슬뜨기(기둥코) 1코, 짧은뜨기 25코, 사슬뜨기 28코 뜨고 편물을 뒤로 돌리기<br>② ◯×1, +×28, ●×1<br>사슬뜨기(기둥코) 1코, 모든 사슬코마다 짧은뜨기 1코씩 뜬 후, 마지막에 빼뜨기 1코<br>③ 실을 자르고 마무리하기 |

### 왼쪽 끈

① 겉면에서 13번째 단의 1번째 코에 분홍색 실을 걸고 다음과 같이 뜹니다.
◯×28→◯×1, +×28, ●×1
사슬뜨기 28코→사슬뜨기(기둥코) 1코 뜨고, 모든 사슬코마다 짧은뜨기 1코씩 뜬 후 마지막에 빼뜨기 1코
② 실을 자르고 마무리합니다.

### 당근 모양 침낭 준비물

- 실 : 아크릴 100%로 구성된 코바늘 3.5mm(6호)에 알맞은 굵기의 실. 주황색 실 1볼(실 A), 연두색 실 1볼(실 B)
- 코바늘 3.5mm(6호)
- 돗바늘, 바느질 도구

### 당근 모양 침낭 만들기

| 단수 | 콧수 | 설명 |
|---|---|---|
| 당근 본체 | | |
| 주황색 실(실 A)로 사슬뜨기 34코를 뜬 후 단뜨기로 진행합니다. | | |
| 1~30단<br>(총 30단)<br>(1단이 겉면) | 34코 | {◯×1, +×34}×30단<br>{사슬뜨기(기둥코) 1코, 짧은뜨기 34코} 30단 뜨기 |
| 31단 | 32코 | ◯×1, ⇧×1, +×30, ⇧×1<br>사슬뜨기(기둥코) 1코, 짧은뜨기 2코 모아 뜨기, 짧은뜨기 30코, 짧은뜨기 2코 모아 뜨기 |
| 32단 | 30코 | ◯×1, ⇧×1, +×28, ⇧×1<br>사슬뜨기(기둥코) 1코, 짧은뜨기 2코 모아 뜨기, 짧은뜨기 28코, 짧은뜨기 2코 모아 뜨기 |
| 33단 | 28코 | ◯×1, ⇧×1, +×26, ⇧×1<br>사슬뜨기(기둥코) 1코, 짧은뜨기 2코 모아 뜨기, 짧은뜨기 26코, 짧은뜨기 2코 모아 뜨기 |
| 34단 | 26코 | ◯×1, ⇧×1, +×24, ⇧×1<br>사슬뜨기(기둥코) 1코, 짧은뜨기 2코 모아 뜨기, 짧은뜨기 24코, 짧은뜨기 2코 모아 뜨기 |
| 35단 | 24코 | ◯×1, ⇧×1, +×22, ⇧×1<br>사슬뜨기(기둥코) 1코, 짧은뜨기 2코 모아 뜨기, 짧은뜨기 22코, 짧은뜨기 2코 모아 뜨기 |
| 36단 | 22코 | ◯×1, ⇧×1, +×20, ⇧×1<br>사슬뜨기(기둥코) 1코, 짧은뜨기 2코 모아 뜨기, 짧은뜨기 20코, 짧은뜨기 2코 모아 뜨기 |
| 37단 | 20코 | ◯×1, ⇧×1, +×18, ⇧×1<br>사슬뜨기(기둥코) 1코, 짧은뜨기 2코 모아 뜨기, 짧은뜨기 18코, 짧은뜨기 2코 모아 뜨기 |

| 단수 | 콧수 | 설명 |
|---|---|---|
| 38단 | 18코 | ◯×1, ✿×1, ✚×16, ✿×1<br>사슬뜨기(기둥코) 1코, 짧은뜨기 2코 모아뜨기, 짧은뜨기 16코, 짧은뜨기 2코 모아뜨기 |
| 39단 | 16코 | ◯×1, ✿×1, ✚×14, ✿×1<br>사슬뜨기(기둥코) 1코, 짧은뜨기 2코 모아뜨기, 짧은뜨기 14코, 짧은뜨기 2코 모아뜨기 |
| 40단 | 14코 | ◯×1, ✿×1, ✚×12, ✿×1<br>사슬뜨기(기둥코) 1코, 짧은뜨기 2코 모아뜨기, 짧은뜨기 12코, 짧은뜨기 2코 모아뜨기 |
| 41단 | 12코 | ◯×1, ✿×1, ✚×10, ✿×1<br>사슬뜨기(기둥코) 1코, 짧은뜨기 2코 모아뜨기, 짧은뜨기 10코, 짧은뜨기 2코 모아뜨기 |
| 42단 | 10코 | ◯×1, ✿×1, ✚×8, ✿×1<br>사슬뜨기(기둥코) 1코, 짧은뜨기 2코 모아뜨기, 짧은뜨기 8코, 짧은뜨기 2코 모아뜨기 |
| 43단 | 8코 | ◯×1, ✿×1, ✚×6, ✿×1<br>사슬뜨기(기둥코) 1코, 짧은뜨기 2코 모아뜨기, 짧은뜨기 6코, 짧은뜨기 2코 모아뜨기 |
| 44단 | 6코 | ◯×1, ✿×1, ✚×4, ✿×1<br>사슬뜨기(기둥코) 1코, 짧은뜨기 2코 모아뜨기, 짧은뜨기 4코, 짧은뜨기 2코 모아뜨기 |
| 45단 | 4코 | ◯×1, ✿×1, ✚×2, ✿×1<br>사슬뜨기(기둥코) 1코, 짧은뜨기 2코 모아뜨기, 짧은뜨기 2코, 짧은뜨기 2코 모아뜨기 |

### 가장자리 뜨기
① 계속해서 편물을 옆면으로 돌려서 사슬뜨기(기둥코) 1코 뜬 후, 짧은뜨기 45코를 뜨고 실을 자른 후 마무리합니다.
② 겉면에서 첫 번째 단의 첫 번째 코에 주황색 실을 걸고 사슬뜨기(기둥코) 1코 뜬 후, 옆면에 짧은뜨기를 45코 뜨고 실을 자른 후 마무리합니다.

### 당근 윗부분
주황색 실(실 A)로 원형 고리를 만듭니다. 나선형으로 돌리며 작업합니다.

| 단수 | 콧수 | 설명 |
|---|---|---|
| 1단 | 8코 | ✚×8<br>실로 고리를 만들어 짧은뜨기 8코 뜨기 |
| 2단 | 16코 | ✿×8<br>(짧은뜨기 1코 늘려뜨기) 8번 뜨기 |
| 3단 | 24코 | (✚×1, ✿×1)×8<br>(짧은뜨기 1코, 짧은뜨기 1코 늘려뜨기) 8번 뜨기 |
| 4단 | 32코 | (✚×2, ✿×1)×8<br>(짧은뜨기 2코, 짧은뜨기 1코 늘려뜨기) 8번 뜨기 |
| 5단 | 40코 | (✚×3, ✿×1)×8, ●×1<br>① (짧은뜨기 3코, 짧은뜨기 1코 늘려뜨기) 8번 뜨기<br>② 마지막에 빼뜨기 1코 후 실을 자르고 마무리하기 |

### 당근 줄기 잎
① 연두색 실(실 A)로 사슬뜨기 20코 뜹니다.
② 사슬뜨기(기둥코) 1코 뜬 후, 모든 사슬코마다 짧은뜨기 1코씩 뜹니다.
③ ①번과 ②번 과정을 총 15번 반복합니다.
④ 마지막에 첫 번째 줄기의 첫 사슬코에 빼뜨기 한 후 실을 자르고 마무리합니다.

| 단수 | 콧수 | 설명 |
|---|---|---|

### 배낭 바닥
빨간색 실로 사슬뜨기 30코를 뜬 후 단뜨기로 진행합니다.

| 단수 | 콧수 | 설명 |
|---|---|---|
| 1~20단<br>(총 20단)<br>(1단이 겉면) | 30코 | {◯×1, ✚×30}×20단<br>{사슬뜨기(기둥코) 1코, 짧은뜨기 30코} 20단 뜨기 |

### 배낭 본체
편물을 뒤로 돌리고 나선형으로 돌려가며 뜹니다.

| 단수 | 콧수 | 설명 |
|---|---|---|
| 1단 | 100코 | ◯×1, ✚×100<br>사슬뜨기(기둥코) 1코, 짧은뜨기 30코, 편물을 옆으로 돌려서 옆선에 짧은뜨기 20코, 시작단인 사슬코 쪽으로 편물을 돌려서 짧은뜨기 30코, 옆면으로 편물을 돌려서 짧은뜨기 20코 |
| 2단 | 100코 | ⊥×100<br>뒤쪽 반 코에 바늘 넣어 이랑뜨기 100코 |
| 3~50단<br>(총 48단) | 100코 | {✚×100}×48단, ●×1<br>코늘림 없이 짧은뜨기 48단 뜬 후, 마지막에 빼뜨기 1코 뜨기 |
| 51단 | 100코 | ◯×3, ᒣ×99, ●×1<br>사슬뜨기 3코(=1길 긴뜨기 1코), 1길 긴뜨기 99코, 단의 처음 사슬뜨기의 3번째 사슬코에 빼뜨기 1코 |

### 배낭 뚜껑
계속해서 단뜨기로 진행합니다.

| 단수 | 콧수 | 설명 |
|---|---|---|
| 1~20단<br>(총 20단)<br>(1단이 겉면) | 30코 | {◯×1, ✚×30}×20단<br>{사슬뜨기(기둥코) 1코, 짧은뜨기 30코} 20단 뜨기 |
| 21단 | 28코 | ◯×1, ✿×1, ✚×26, ✿×1<br>사슬뜨기(기둥코) 1코, 짧은뜨기 2코 모아뜨기, 짧은뜨기 26코, 짧은뜨기 2코 모아뜨기 |
| 22단 | 26코 | ◯×1, ✿×1, ✚×24, ✿×1<br>사슬뜨기(기둥코) 1코, 짧은뜨기 2코 모아뜨기, 짧은뜨기 24코, 짧은뜨기 2코 모아뜨기 |

| 단 | 코 | |
|---|---|---|
| 23단 | 24코 | ◯×1, ♠×1, ✚×22, ♠×1<br>사슬뜨기(기둥코) 1코, 짧은뜨기 2코 모아뜨기, 짧은뜨기 22코, 짧은뜨기 2코 모아뜨기 |
| 24단 | 22코 | ◯×1, ♠×1, ✚×20, ♠×1<br>사슬뜨기(기둥코) 1코, 짧은뜨기 2코 모아뜨기, 짧은뜨기 20코, 짧은뜨기 2코 모아뜨기 |
| 25단 | 20코 | ◯×1, ♠×1, ✚×18, ♠×1<br>사슬뜨기(기둥코) 1코, 짧은뜨기 2코 모아뜨기, 짧은뜨기 18코, 짧은뜨기 2코 모아뜨기 |
| 26단 | 18코 | ◯×1, ♠×1, ✚×16, ♠×1<br>사슬뜨기(기둥코) 1코, 짧은뜨기 2코 모아뜨기, 짧은뜨기 16코, 짧은뜨기 2코 모아뜨기 |
| 27단 | 16코 | ◯×1, ♠×1, ✚×14, ♠×1<br>사슬뜨기(기둥코) 1코, 짧은뜨기 2코 모아뜨기, 짧은뜨기 14코, 짧은뜨기 2코 모아뜨기 |
| 28단 | 14코 | ◯×1, ♠×1, ✚×12, ♠×1<br>① 사슬뜨기(기둥코) 1코, 짧은뜨기 2코 모아뜨기, 짧은뜨기 12코, 짧은뜨기 2코 모아뜨기<br>② 실을 자르고 마무리하기 |

**배낭 뚜껑 가장자리 뜨기**

① 배낭 뚜껑의 겉면에서 첫 번째 단 첫 번째 코에 실을 걸고 다음과 같이 뜹니다.
◯×1, ✚×70
사슬뜨기(기둥코) 1코→편물을 옆으로 돌려서 뚜껑 옆선에 짧은뜨기 28코→옆으로 돌려서 28번째 단에 짧은뜨기 14코→옆으로 돌려서 뚜껑 옆선에 짧은뜨기 28코
② 실을 자르고 마무리합니다.

## 마무리하기

❶ 남은 실은 안쪽으로 넣어 정리합니다.

❷ 당근 본체의 양쪽 가장자리에 지퍼를 답니다. 이때 지퍼의 끝이 본체의 첫 번째 단과 나란히 오도록 놓습니다.

❸ 당근 본체의 지퍼를 잠그고 본체의 첫 번째 단에 당근 윗부분을 답니다.

❹ 당근 윗부분 정중앙에 당근 줄기 잎을 답니다.

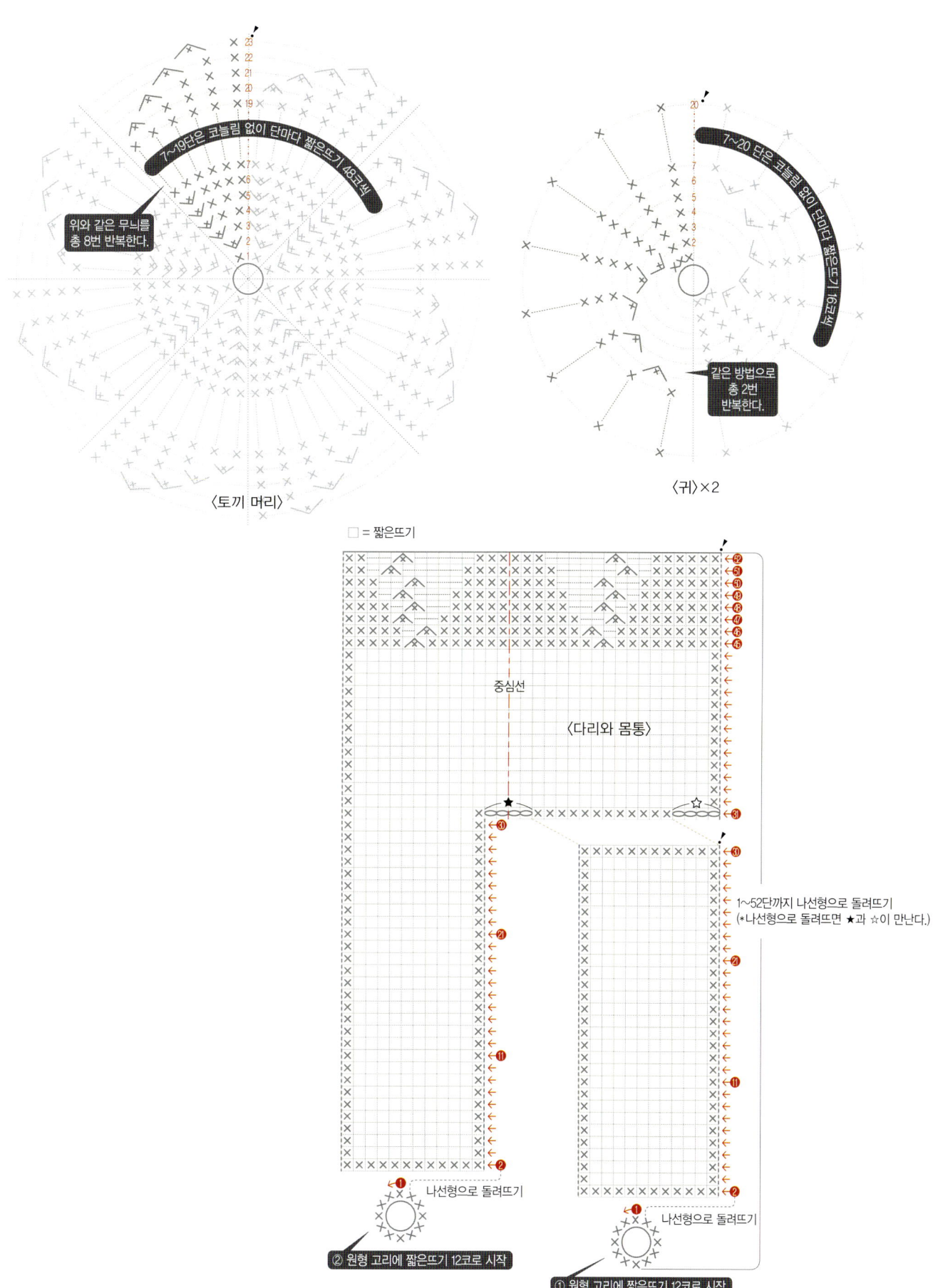

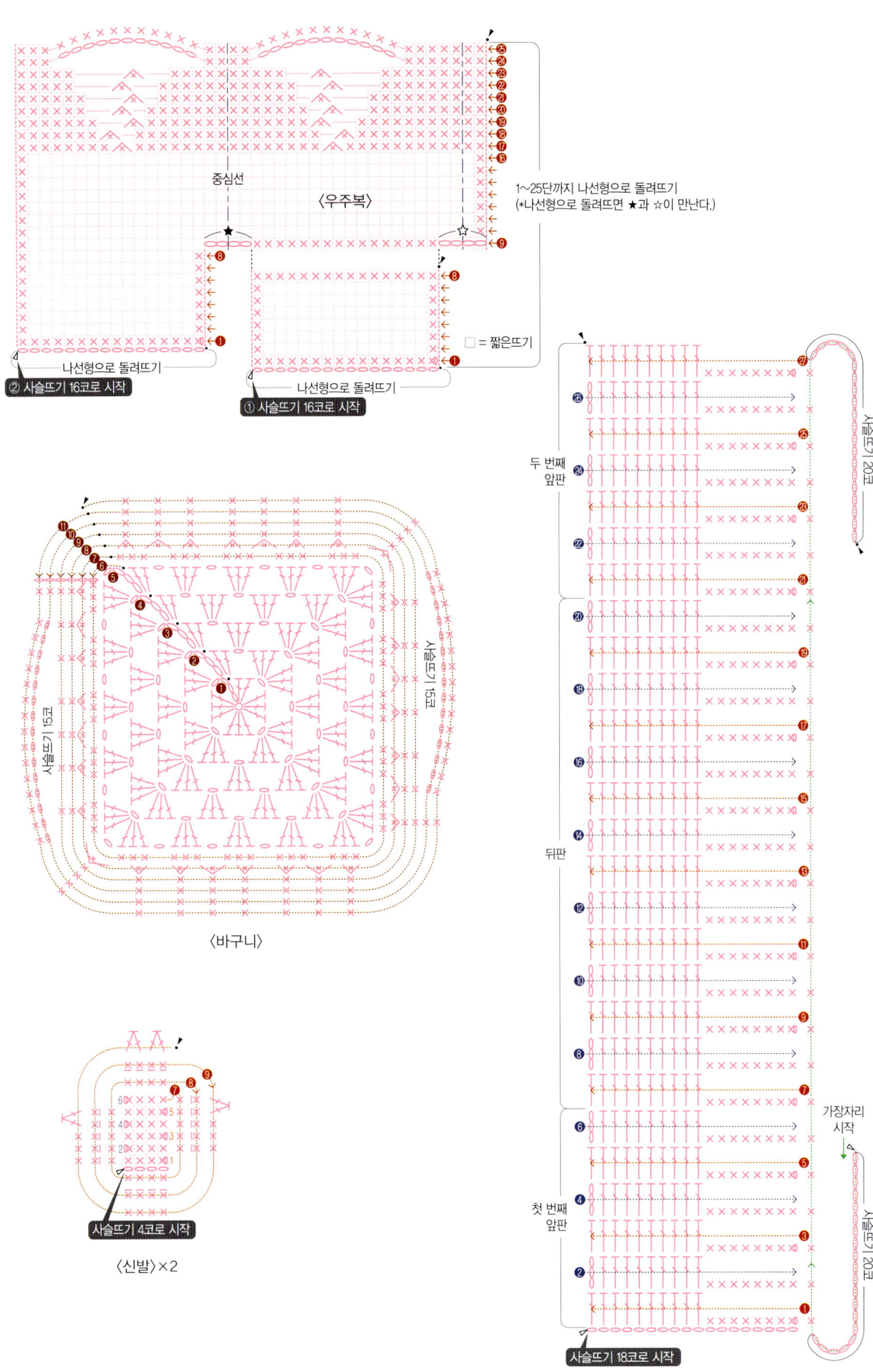

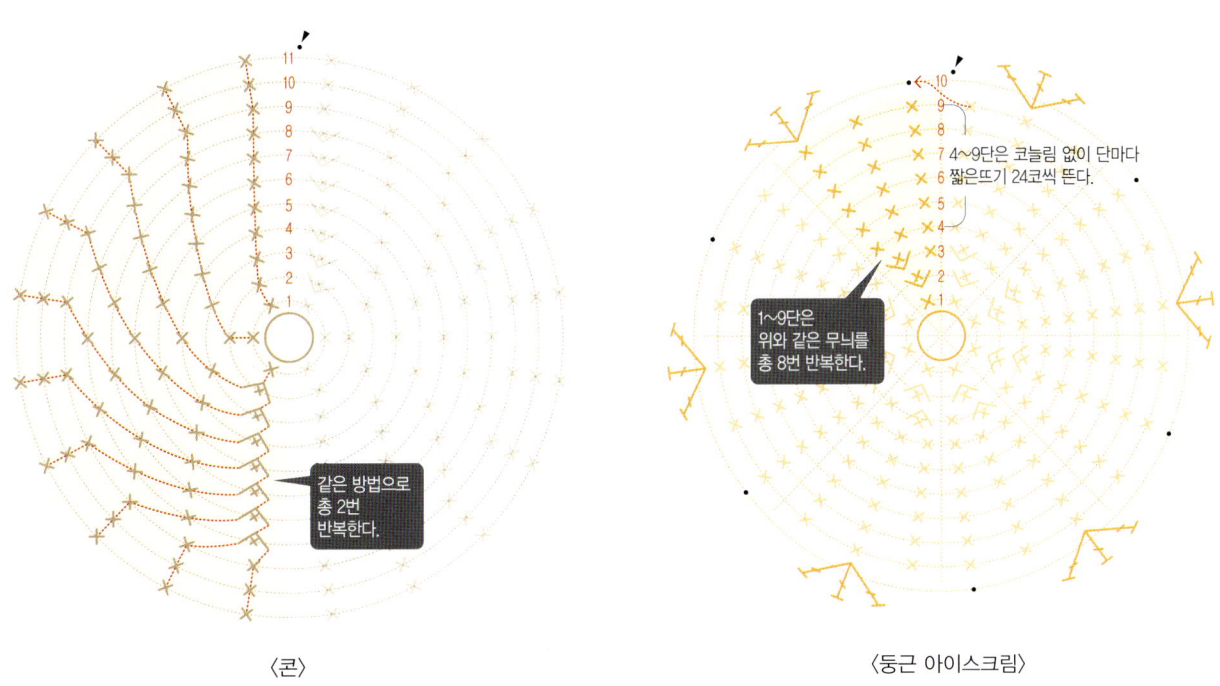

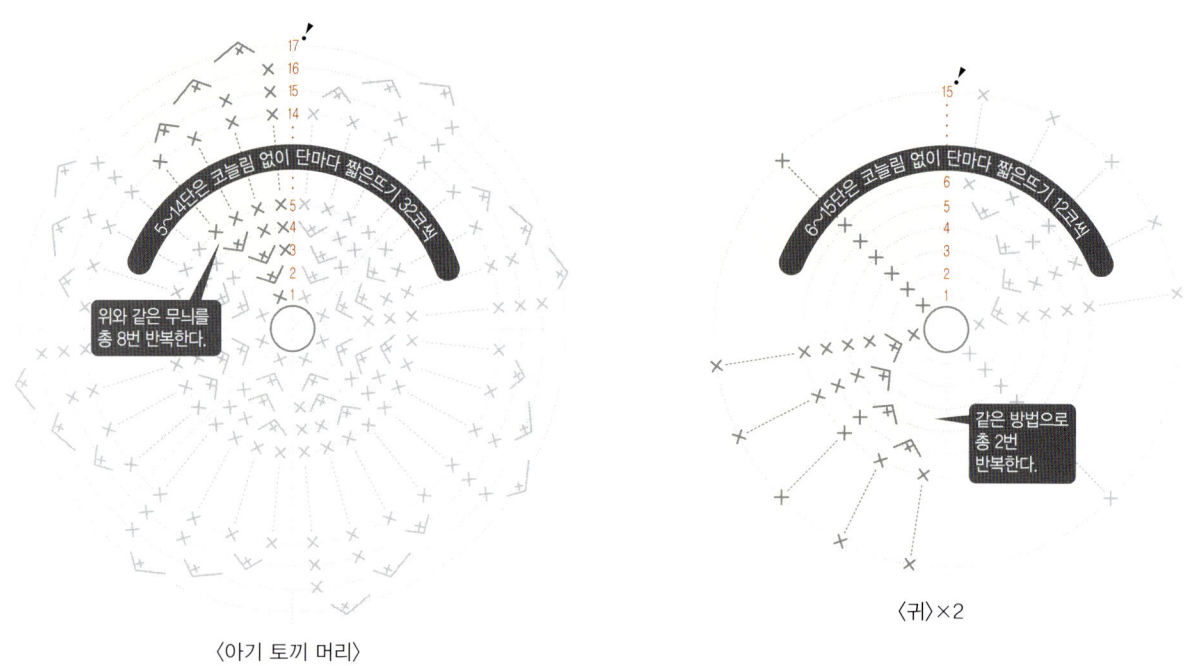

〈아기 토끼 머리〉 〈귀〉×2

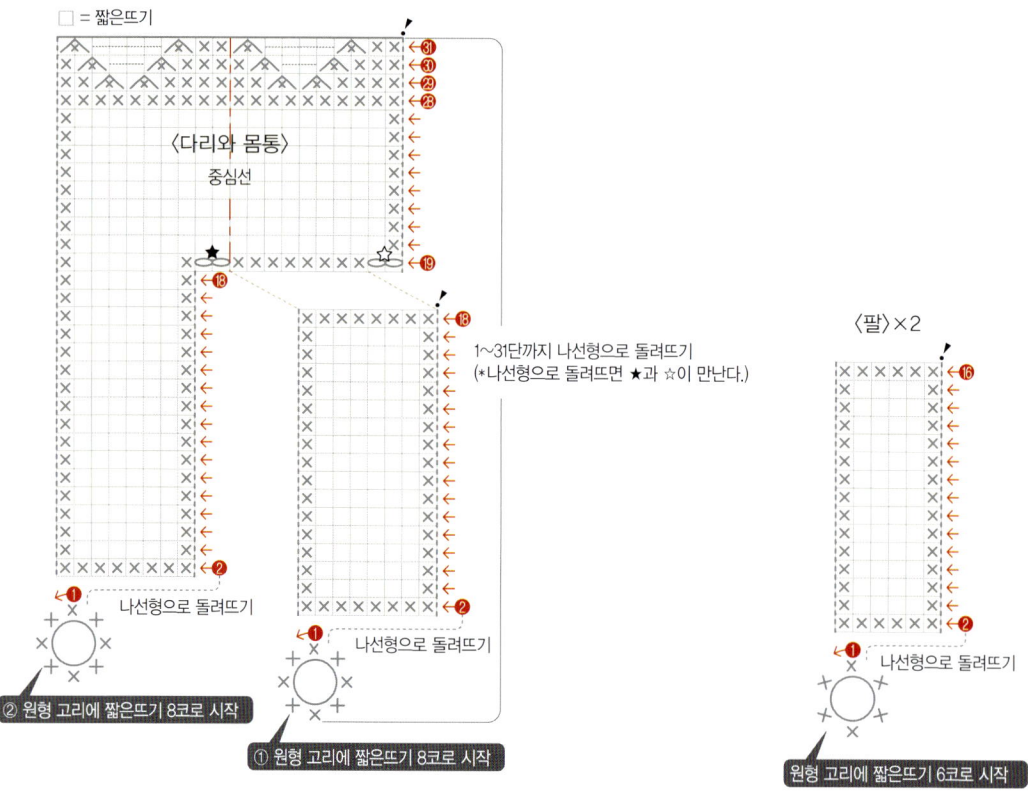

140

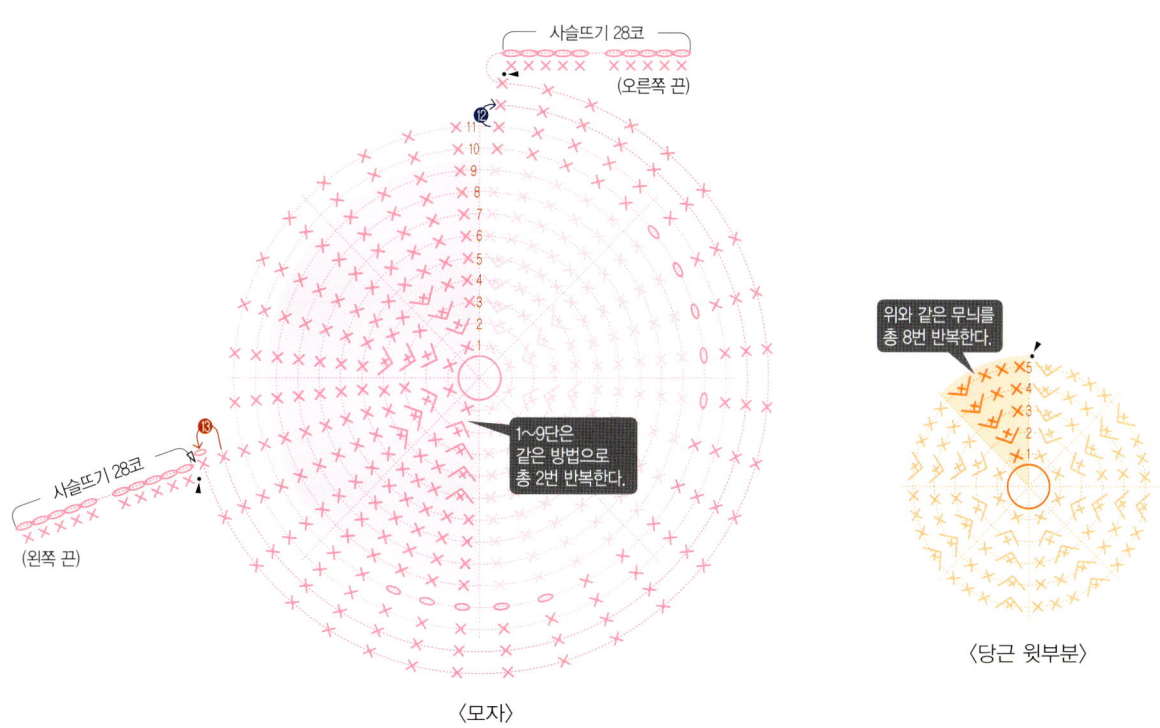

141

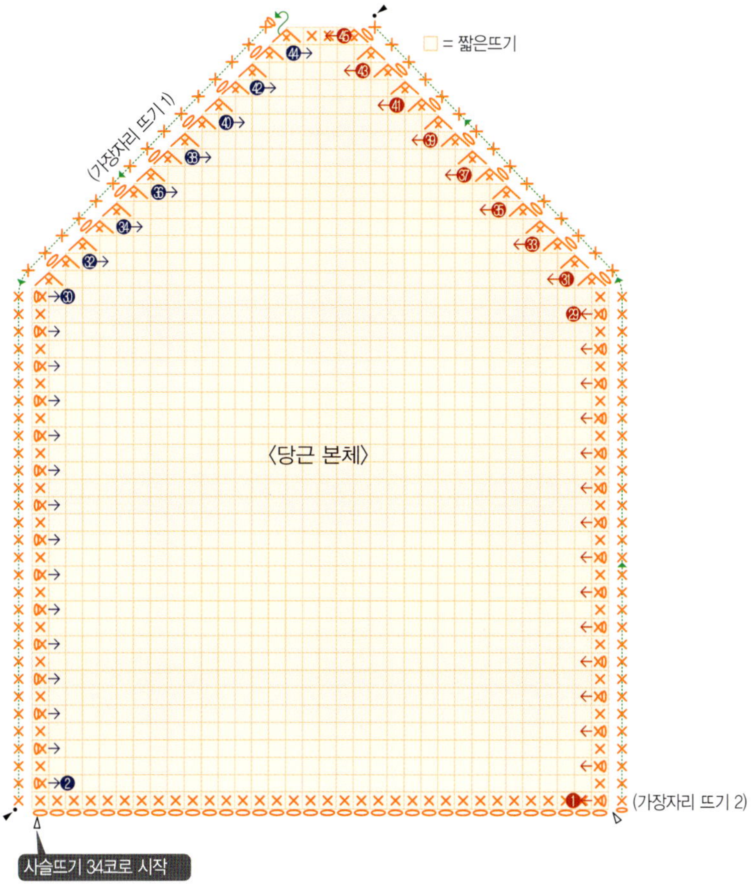

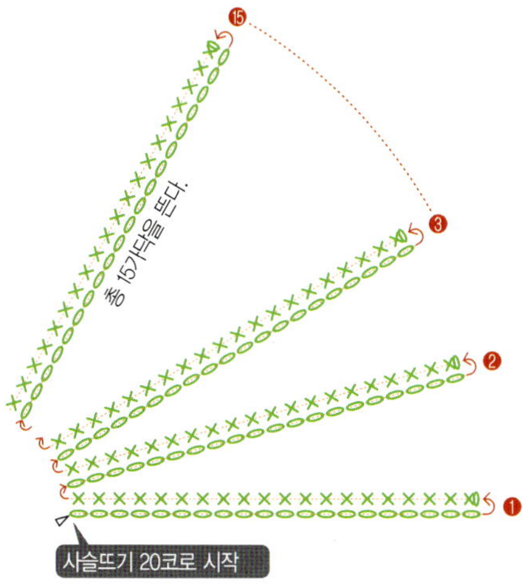

# Un grand sac pour tout ranger

인형을 넣을 큰 배낭

## Le sac à dos  배낭

### 배낭 준비물

- 실 : 아크릴 100%로 구성된 코바늘 3.5mm(6호)에 알맞은 굵기의 실. 빨간색 실 2볼
- 빨간색 체크무늬 면직물 : 90×70cm
- 가방용 버클(너비 2cm)
- 코바늘 3.5mm(6호)
- 돗바늘, 바느질 도구, 다리미, 재봉실

### 배낭 만들기

| 단수 | 콧수 | 설명 |
|---|---|---|
| | | **배낭 바닥** |
| | | 빨간색 실로 사슬뜨기 30코를 뜬 후 단뜨기로 진행합니다. |
| 1~20단 (총 20단) (1단이 겉면) | 30코 | {○×1, +×30}×20단<br>{사슬뜨기(기둥코) 1코, 짧은뜨기 30코} 20단 뜨기 |
| | | **배낭 본체** |
| | | 편물을 뒤로 돌려 나선형으로 돌려가며 뜹니다. |
| 1단 | 100코 | ○×1, +×100<br>사슬뜨기(기둥코) 1코, 짧은뜨기 30코, 편물을 옆으로 돌려서 옆선에 짧은뜨기 20코, 시작단인 사슬코 쪽으로 편물을 돌려서 짧은뜨기 30코, 옆면으로 편물을 돌려서 짧은뜨기 20코 |
| 2단 | 100코 | +×100<br>뒤쪽 반코에 바늘 넣어 이랑뜨기 100코 |
| 3~50단 (총 48단) | 100코 | {+×100}×48단, ●×1<br>코늘림 없이 짧은뜨기 48단 뜬 후 마지막에 빼뜨기 1코 뜨기 |
| 51단 | 100코 | ○×3, ╤×99, ●×1<br>사슬뜨기 3코(=1길 긴뜨기 1코), 1길 긴뜨기 99코, 단의 처음 사슬뜨기의 세 번째 사슬코에 빼뜨기 1코 |
| | | **배낭 뚜껑** |
| | | 계속 단뜨기로 진행합니다. |
| 1~20단 (총 20단) (1단이 겉면) | 30코 | {○×1, +×30}×20단<br>{사슬뜨기(기둥코) 1코, 짧은뜨기 30코} 20단 뜨기 |
| 21단 | 28코 | ○×1, ⚶×1, +×26, ⚶×1<br>사슬뜨기(기둥코) 1코, 짧은뜨기 2코 모아뜨기, 짧은뜨기 26코, 짧은뜨기 2코 모아뜨기 |
| 22단 | 26코 | ○×1, ⚶×1, +×24, ⚶×1<br>사슬뜨기(기둥코) 1코, 짧은뜨기 2코 모아뜨기, 짧은뜨기 24코, 짧은뜨기 2코 모아뜨기 |
| 23단 | 24코 | ○×1, ⚶×1, +×22, ⚶×1<br>사슬뜨기(기둥코) 1코, 짧은뜨기 2코 모아뜨기, 짧은뜨기 22코, 짧은뜨기 2코 모아뜨기 |
| 24단 | 22코 | ○×1, ⚶×1, +×20, ⚶×1<br>사슬뜨기(기둥코) 1코, 짧은뜨기 2코 모아뜨기, 짧은뜨기 20코, 짧은뜨기 2코 모아뜨기 |
| 25단 | 20코 | ○×1, ⚶×1, +×18, ⚶×1<br>사슬뜨기(기둥코) 1코, 짧은뜨기 2코 모아뜨기, 짧은뜨기 18코, 짧은뜨기 2코 모아뜨기 |
| 26단 | 18코 | ○×1, ⚶×1, +×16, ⚶×1<br>사슬뜨기(기둥코) 1코, 짧은뜨기 2코 모아뜨기, 짧은뜨기 16코, 짧은뜨기 2코 모아뜨기 |
| 27단 | 16코 | ○×1, ⚶×1, +×14, ⚶×1<br>사슬뜨기(기둥코) 1코, 짧은뜨기 2코 모아뜨기, 짧은뜨기 14코, 짧은뜨기 2코 모아뜨기 |
| 28단 | 14코 | ○×1, ⚶×1, +×12, ⚶×1<br>① 사슬뜨기(기둥코) 1코, 짧은뜨기 2코 모아뜨기, 짧은뜨기 12코, 짧은뜨기 2코 모아뜨기<br>② 실 자르고 마무리하기 |

### 배낭 뚜껑 가장자리 뜨기

① 배낭 뚜껑 겉면에서 첫 번째 단 첫번째 코에 실을 걸고 다음과 같이 뜹니다.
○×1, +×70
사슬뜨기(기둥코) 1코→편물을 옆으로 돌려서 뚜껑 옆선에 짧은뜨기 28코→옆으로 돌려서 28번째 단에 짧은뜨기 14코→옆으로 돌려서 뚜껑 옆선에 짧은뜨기 28코
② 실을 자르고 마무리하기

## 주머니 만들기(×2)

빨간색 실로 사슬뜨기 22코를 뜬 후 단뜨기로 진행합니다.

| 단수 | 콧수 | 설명 |
|---|---|---|
| 1~26단<br>(총 26단)<br>(1단이<br>겉면) | 22코 | {⬮×1, ✚×22}×26단<br>① {사슬뜨기(기둥코) 1코, 짧은뜨기 22코} 26단 뜨기<br>② 실을 자르고 마무리하기 |

## 어깨 끈 만들기(×2)

빨간색 실로 사슬뜨기 80코를 뜬 후 단뜨기로 진행합니다.

| 단수 | 콧수 | 설명 |
|---|---|---|
| 1~5단<br>(총 5단)<br>(1단이<br>겉면) | 80코 | {⬮×1, ✚×80}×5단<br>① {사슬뜨기(기둥코) 1코, 짧은뜨기 80코} 5단 뜨기<br>② 실을 자르고 마무리하기 |

## 배낭 고리 만들기

빨간색 실로 사슬뜨기 40코를 뜬 후 단뜨기로 진행합니다.

| 단수 | 콧수 | 설명 |
|---|---|---|
| 1~4단<br>(총 4단)<br>(1단이<br>겉면) | 40코 | {⬮×1, ✚×40}×4단<br>① {사슬뜨기(기둥코) 1코, 짧은뜨기 40코} 4단 뜨기<br>② 실을 자르고 마무리하기 |

## 사슬 끈 만들기(배낭 입구 조이는 끈)

사슬뜨기하여 사슬 끈을 90cm 정도 뜬 후 실을 자르고 정리합니다.

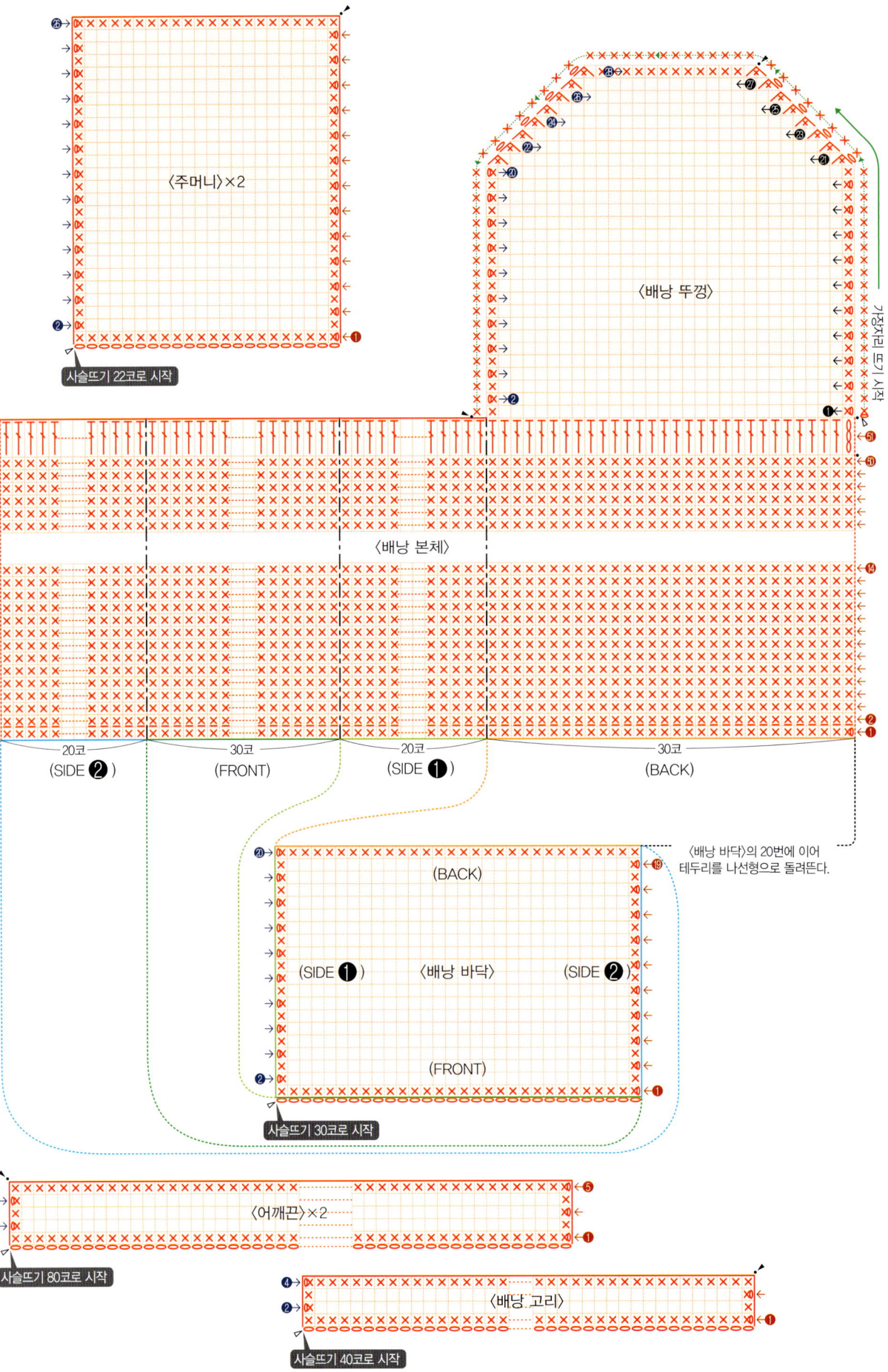

## 안감 만들기

재단하기

1. 배낭 바닥의 치수를 잽니다 : 너비×깊이
   (너비+2cm)×(깊이+2cm)의 치수로 천을 재단합니다(안감 A).
2. 배낭 본체의 치수를 잽니다 : 둘레×높이
   (둘레+2cm)×(높이+1.5cm)의 치수로 천을 재단합니다(안감 B).
3. 배낭 뚜껑의 치수를 잽니다 : 너비×높이
   (너비+1.5cm)×(높이+1.7cm)의 치수로 천을 재단합니다(안감 C).
4. 주머니의 치수를 잽니다 : 너비×높이
   (너비+2cm)×(높이+1.5cm)의 치수로 천을 재단합니다(안감 D).
5. 어깨끈의 치수를 잽니다 : 너비×길이
   (너비+1.5cm)×(길이+2cm)의 치수로 천을 재단합니다(안감 E).
6. 배낭 고리의 치수를 잽니다 : 너비×길이
   (너비+1.5cm)×(길이+2cm)의 치수로 천을 재단합니다(안감 F).

재봉하기

### 1) 바닥과 본체

❶ 배낭 본체용 안감 B를 겉면끼리 마주 보게 반으로 접습니다. 옆선에서 시접 1cm 들어가서 박음질하면 원통형이 됩니다.

❷ 배낭 바닥인 안감 A의 둘레와 안감 B의 아래쪽 가장자리를 겉면끼리 마주 보게 놓은 후 시침핀을 꽂습니다. 이때 원통형 안감 B의 박음질 선이 바닥 안감 A의 넓은 면 정중앙에 오도록 놓습니다. 네 모퉁이에 가윗밥을 주어 자연스럽게 원형이 되도록 합니다. 사방의 시접이 1cm가 되도록 박음질합니다.

❸ 원통형 안감 B 위쪽에 시접분 1cm를 안쪽으로 접어 다림질합니다.

### 2) 뚜껑

뚜껑용 안감 C에 사방 시접분 1cm를 안쪽으로 접어 다림질합니다.

### 3) 주머니

❶ 주머니용 안감 D에 사방 시접분 1cm를 안쪽으로 접어 다림질합니다.

❷ 안감 D와 코바늘로 뜬 주머니를 안쪽끼리 마주 보도록 놓습니다. 이때 안감과 뜨개지의 아랫부분을 나란히 맞춥니다.

❸ 가장자리를 감침질합니다.

### 4) 고리

❶ 고리용 안감 F에 사방 시접분 1cm를 안쪽으로 접어 다림질합니다.

❷ 안감 F와 코바늘로 뜬 고리를 안쪽끼리 마주 보도록 놓습니다. 이때 안감 F는 뜨개지의 정중앙에 놓습니다.

❸ 가장자리를 감침질합니다.

## 연결하기

❶ 주머니를 배낭의 본체에 답니다. 이때 주머니는 배낭 바닥의 옆면과 나란히 오게 놓습니다.

❷ 어깨끈을 배낭의 본체에 답니다. 이때 어깨끈의 위쪽은 배낭 본체의 마지막 단(1길 긴뜨기로 뜬 51번째 단)과 배낭 뚜껑의 사이에 달고, 아래쪽은 주머니의 가장 아랫부분에 답니다.

❸ 배낭 고리를 반으로 접은 후 양쪽 끝을 배낭 본체에 답니다. 본체 마지막 단(1길 긴뜨기로 뜬 51번째 단)의 뒤판 중앙에 고정하는데 고리 양 끝의 간격을 4코 띄웁니다.

❹ 배낭 바닥/ 본체용 안감(안감 A+B)을 코바늘로 뜬 본체 안에 안쪽끼리 마주 보도록 넣습니다. 이때 원통형 안감 B의 박음질 선을 뚜껑 정중앙과 나란히 놓고, 위쪽 가장자리를 감침질합니다.

❺ 코바늘로 뜬 뚜껑 위에 안감 C를 안쪽끼리 마주 보도록 올려놓고 가장자리를 감침질합니다.

## 마무리하기

❶ 가방용 버클을 고정합니다. 버클의 한쪽은 배낭 뚜껑의 마지막 단 중앙에 고정하고, 다른 쪽은 마주 보는 배낭 앞판에 고정합니다.

❷ 배낭 본체의 마지막 단에 있는 1길 긴뜨기에 코 사이사이로 사슬 끈을 통과시킵니다. 이때 사슬 끈의 양쪽 끝이 배낭 앞판의 정중앙으로 나오도록 끼웁니다.

---

**이자벨의 조언**

마무리를 깔끔하게 하기 위해서는 조각들을 다 뜬 후에 다림질하고 치수를 잽니다. 안감용 천도 다림질한 후 치수를 재고 재단합니다. 안감용 천의 치수는 안감을 감침질할 때 뜨개지의 시접이 아주 약간만 남도록 계산했습니다. 연결하기에 설명된 순서대로 잘 따라서 완성해보세요.

팔, 다리에 솜을 넣고 그 안에 심지를 넣을 수도 있습니다. 심지는 3mm 굵기의 알루미늄 막대를 사용하세요.

# 부록 대체 실 1

◆ 이 책의 저자가 작품을 만들 때 사용한 베르제르(Bergère de France) 실은 현재 우리나라에서 구할 수 없는 실입니다. 독자분들이 직접 실을 선택하기 편리하도록 대체 실을 아래와 같이 실었습니다. 대체 실로 떴을 경우 책과는 다소 차이가 있을 수 있습니다.

| 구분 | | Bergère de France 실 | | | | 대체 실 | |
|---|---|---|---|---|---|---|---|
| | 작품명 | 실 이름 | 코바늘 호수 | 실제 사용하는 코바늘 호수 | 색상 | 실 이름 | 색상 |
| 곰 | 곰 | Norvége | 4.0mm(7호) | 3.0mm(5호) | Duvet(베이지색) | 올리브 울 (Olive Wool) | 54번(진베이지) 또는 61번(베이지그레이) |
| | 상의, 반바지, 모자 | Barisienne | 3.5mm(6호) | 3.0mm(5호) | Jardin(연두색) | | 27번(잔디녹색) |
| | | Barisienne | 3.5mm(6호) | | Amazonie(초록색) | | 28번(다크그린) |
| | 구두 | Barisienne | 3.5mm(6호) | | Chicorée(갈색) | | 57번(월넛) |
| | 배낭 | Barisienne | 3.5mm(6호) | | Chétaigne(베이지색) | | 6번(핑크베이지) |
| 너구리 | 너구리 | Barisienne | 3.5mm(6호) | 3.0mm(5호) | Titane(연회색) | | 62번(그레이) |
| | | Barisienne | 3.5mm(6호) | | Réglisse(검은색) | | 2번(검은색) |
| | | Barisienne | 3.5mm(6호) | | Lgloo(흰색) | | 1번(백아이보리) |
| | 우주복 | Caline | 3.0mm(5호) | 3.0mm(5호) | Limaille(연회색) | | 52번(퍼플그레이) 또는 37번(연비둘기) |
| | | Barisienne | 3.5mm(6호) | | Vitrain(진회색) | | 63번(진그레이) |
| | 스카프 | Barisienne | 3.5mm(6호) | | Géranium(빨간색) | | 13번(빨강) |
| 여우 | 여우 | Barisienne | 3.5mm(6호) | 3.0mm(5호) | Orange(주황색) | | 18번(다크오렌지) |
| | | Barisienne | 3.5mm(6호) | | Mélisse(아이보리색) | | 6(핑크베이지) |
| | | Barisienne | 3.5mm(6호) | | Réglisse(검은색) | | 2번(검은색) |
| | 정장 | Barisienne | 3.5mm(6호) | 3.0mm(5호) | Tournesol(노란색) | | 20번(연노랑) |
| | | Barisienne | 3.5mm(6호) | | Igloo(흰색) | | 1번(백아이보리) |
| | 구두 | Barisienne | 3.5mm(6호) | | Épice(갈색) | | 54번(진베이지) |
| 순록 | 순록 | Norvége | 4mm(7호) | 3.0mm(5호) | Varech(연카키색) | | 26번(올리브카키) 또는 61번(베이지그레이) |
| | | Norvége | 4mm(7호) | | Sapiniére(진카키색) | | 25번(회카키) |
| | | Norvége | 4mm(7호) | | Rouet(베이지색) | | 6(핑크베이지) |
| | 상의 | Idéal | 3.5mm(6호) | 3.0mm(5호) | Calanque(파란색) | | 43번(연아쿠아) |
| | | Barisienne | 3.5mm(6호) | | Igloo(흰색) | | 1번(백아이보리) |
| | 바지 | Barisienne | 3.5mm(6호) | | Marron(밤색) | | 48번(브라운퍼플) |
| | 구두 | Barisienne | 3.5mm(6호) | | Chétaigne(베이지색) | | 62번(그레이) |
| 늑대 | | Fourrure | 5.5mm(9호) | 5.5mm(9호) | Gris Clair(연회색) | | 62번(그레이) |
| | | Barisienne | 3.5mm(6호) | 3.0mm(5호) | Vitrain(진회색) | | 63번(진그레이) |
| 코알라 | 코알라 | Norvége | 4mm(7호) | 3.0mm(5호) | Source(회색) | | 37번(연비둘기) 또는 62번(그레이) |
| | | Barisienne | 3.5mm(6호) | | Réglisse(검은색) | | 2(검은색) |

| | | | | | | | |
|---|---|---|---|---|---|---|---|
| 코알라 | 상의 | Barisienne | 3.5mm(6호) | 3.0mm(5호) | Méthyléne(옥색) | 올리브 울 (Olive Wool) | 44번(딥아쿠아) |
| | | Barisienne | 3.5mm(6호) | | Mélisse(아이보리색) | | 1번(백아이보리) |
| | 바지 | Barisienne | 3.5mm(6호) | | Pilote(남색) | | 42번(군청파랑) |
| | 스카프 | Barisienne | 3.5mm(6호) | | Géranium(빨간색) | | 13번(빨간색) |
| | 부츠 | Barisienne | 3.5mm(6호) | | Tournesol(노란색) | | 19번(귤색) |
| | | Barisienne | 3.5mm(6호) | | Mélisse(아이보리색) | | 1번(백아이보리) |
| 판다 | 판다 | Norvége | 4mm(7호) | 3.0mm(5호) | Glaéon(크림색) | | 1번(백아이보리) |
| | | Barisienne | 3.5mm(6호) | | Réglisse(검은색) | | 2번(검은색) |
| | 원피스, 모자, 부츠 | Barisienne | 3.5mm(6호) | 3.0mm(5호) | Mélisse(아이보리색) | | 1번(백아이보리) |
| | | Barisienne | 3.5mm(6호) | | Nérine(진분홍색) | | 15번(딥피치핑크) |
| 돼지들 | | Barisienne | 3.5mm(6호) | 3.0mm(5호) | Guimauve(분홍색), 주방장 | | 8번(살구핑크) |
| | | Barisienne | 3.5mm(6호) | | Réverie(연분홍색), 정육점 주인 | | 7번(연핑크) |
| | | Barisienne | 3.5mm(6호) | | Nérine(진분홍색), 조리사 | | 15번(딥피치핑크) |
| 주방장 돼지 | | Barisienne | 3.5mm(6호) | 3.0mm(5호) | Igloo(흰색) | | 1번(백아이보리) |
| | | Barisienne | 3.5mm(6호) | | Réglisse(검은색) | | 2번(검은색) |
| 정육점 주인 돼지 | | Barisienne | 3.5mm(6호) | 3.0mm(5호) | Mélisse(아이보리색) | | 1번(백아이보리) |
| 조리사 돼지 | | Barisienne | 3.5mm(6호) | 3.0mm(5호) | Clapotis(하늘색) | | 43번(연아쿠아) |
| 고기 | 넓적다리 | Norvége | 4mm(7호) | 3.0mm(5호) | Glaéon(크림색) | | 1번(백아이보리) |
| | | Norvége | 4mm(7호) | | Rouet(베이지색) | | 6번(핑크베이지) |
| | | Norvége | 4mm(7호) | | Viking(적갈색) | | 12번(와인) |
| | 소시지 | Barisienne | 4mm(7호) | | Nérine(진분홍색) | | 15번(딥피치핑크) |
| | 로스트비프 | Barisienne | 4mm(7호) | | Géranium(빨간색) | | 13번(빨간색) |
| | | Barisienne | 4mm(7호) | | Igloo(흰색) | | 1번(백아이보리) |
| 토끼 | 토끼 | Barisienne | 3.5mm(6호) | 3.0mm(5호) | Mélisse(아이보리색) | | 1번(백아이보리) 또는 3번(연살구) |
| | 옷과 바구니 | Barisienne | 3.5mm(6호) | 3.0mm(5호) | Guimauve(분홍색) | | 7번(연핑크) |
| | 아이스크림 콘 | Norvége | 4mm(7호) | 3.0mm(5호) | Rouet(베이지색) | | 61번(베이지그레이) |
| | | Barisienne | 3.5mm(6호) | | Tournesol(노란색) | | 19번(귤색) |
| 아기 토끼 | 아기 토끼 | Barisienne | 3.5mm(6호) | 3.0mm(5호) | Mélisse(아이보리색) | | 1번(백아이보리) 또는 3번(연살구) |
| | | Barisienne | 3.5mm(6호) | | Guimauve(분홍색) | | 7번(분홍색) |
| | 모자 | Barisienne | 3.5mm(6호) | 3.0mm(5호) | Guimauve(분홍색) | | 7번(분홍색) |
| | 당근 모양 침낭 | Barisienne | 3.5mm(6호) | 3.5mm(6호) | Carotte(주황색) | | 17번(오렌지색) |
| | | Barisienne | 3.5mm(6호) | | Jardin(연두색) | | 27번(올리브그린) |
| 배낭 | | Barisienne | 3.5mm(6호) | 3.5mm(6호) | Géranium(빨간색) | | 13번(빨간색) |

– 실 정보 제공, 니뜨(www.knitt.co.kr)–

# 부록 대체 실 2

◆ 이 책의 저자가 작품을 만들 때 사용한 베르제르(Bergère de France) 실은 현재 우리나라에서 구할 수 없는 실입니다. 독자분들이 직접 실을 선택하기 편리하도록 대체 실을 아래와 같이 실었습니다. 대체 실로 떴을 경우 책과는 다소 차이가 있을 수 있습니다.

| 구분 | | Bergère de France 실 | | | | 대체 실 | |
|---|---|---|---|---|---|---|---|
| 작품명 | | 실 이름 | 코바늘 호수 | 실제 사용하는 코바늘 호수 | 색상 | 실 이름 | 색상 |
| 곰 | 곰 | Norvége | 4.0mm(7호) | 3.0mm(5호) | Duvet(베이지색) | 로트렉 | 132 |
| | 상의, 반바지, 모자 | Barisienne | 3.5mm(6호) | 3.0mm(5호) | Jardin(연두색) | 네코 | 423 |
| | | Barisienne | 3.5mm(6호) | | Amazonie(초록색) | 네코 | 424 |
| | 구두 | Barisienne | 3.5mm(6호) | | Chicorée(갈색) | 로트렉 | 133 |
| | 배낭 | Barisienne | 3.5mm(6호) | | Chétaigne(베이지색) | 로트렉 | 110 |
| 너구리 | 너구리 | Barisienne | 3.5mm(6호) | 3.0mm(5호) | Titane(연회색) | 로트렉 | 133 |
| | | Barisienne | 3.5mm(6호) | | Réglisse(검은색) | 로트렉 | 119 |
| | | Barisienne | 3.5mm(6호) | | Lgloo(흰색) | 로트렉 | 110 |
| | 우주복 | Caline | 3.0mm(5호) | 3.0mm(5호) | Limaille(연회색) | 로트렉 | 117 |
| | | Barisienne | 3.5mm(6호) | | Vitrain(진회색) | 로트렉 | 118 |
| | 스카프 | Barisienne | 3.5mm(6호) | | Géranium(빨간색) | 로트렉 | 120 |
| 여우 | 여우 | Barisienne | 3.5mm(6호) | 3.0mm(5호) | Orange(주황색) | 네코 | 405 |
| | | Barisienne | 3.5mm(6호) | | Mélisse(아이보리색) | 네코 | 401 |
| | | Barisienne | 3.5mm(6호) | | Réglisse(검은색) | 네코 | 430 |
| | 정장 | Barisienne | 3.5mm(6호) | 3.0mm(5호) | Tournesol(노란색) | 네코 | 402 |
| | | Barisienne | 3.5mm(6호) | | Igloo(흰색) | 네코 | 401 |
| | 구두 | Barisienne | 3.5mm(6호) | | Épice(갈색) | 네코 | 426 |
| 순록 | 순록 | Norvége | 4mm(7호) | 3.0mm(5호) | Varech(연카키색) | 로트렉 | 132 |
| | | Norvége | 4mm(7호) | | Sapiniére(진카키색) | 로트렉 | 133 |
| | | Norvége | 4mm(7호) | | Rouet(베이지색) | 몽블랑 | 17 |
| | 상의 | Idéal | 3.5mm(6호) | 3.0mm(5호) | Calanque(파란색) | 네코 | 410 |
| | | Barisienne | 3.5mm(6호) | | Igloo(흰색) | 네코 | 401 |
| | 바지 | Barisienne | 3.5mm(6호) | | Marron(밤색) | 네코 | 427 |
| | 구두 | Barisienne | 3.5mm(6호) | | Chétaigne(베이지색) | 네코 | 425 |
| 늑대 | | Fourrure | 5.5mm(9호) | 5.5mm(9호) | Gris Clair(연회색) | 샐리, 로트렉 | 샐리 415, 로트렉 117 |
| | | Barisienne | 3.5mm(6호) | 3.0mm(5호) | Vitrain(진회색) | 로트렉 | 118 |
| 코알라 | 코알라 | Norvége | 4mm(7호) | 3.0mm(5호) | Source(회색) | 로트렉 | 117 |
| | | Barisienne | 3.5mm(6호) | | Réglisse(검은색) | 로트렉 | 119 |

| | | | | | | | |
|---|---|---|---|---|---|---|---|
| 코알라 | 상의 | Barisienne | 3.5mm(6호) | 3.0mm(5호) | Méthyléne(옥색) | 네코 | 419 |
| | | Barisienne | 3.5mm(6호) | | Mélisse(아이보리색) | 네코 | 401 |
| | 바지 | Barisienne | 3.5mm(6호) | | Pilote(남색) | 네코 | 420 |
| | 스카프 | Barisienne | 3.5mm(6호) | | Géranium(빨간색) | 네코 | 412 |
| | 부츠 | Barisienne | 3.5mm(6호) | | Tournesol(노란색) | 네코 | 404 |
| | | Barisienne | 3.5mm(6호) | | Mélisse(아이보리색) | 네코 | 402 |
| 판다 | 판다 | Norvége | 4mm(7호) | 3.0mm(5호) | Glaéon(크림색) | 몽블랑 | 21 |
| | | Barisienne | 3.5mm(6호) | | Réglisse(검은색) | 몽블랑 | 20 |
| | 원피스, 모자, 부츠 | Barisienne | 3.5mm(6호) | 3.0mm(5호) | Mélisse(아이보리색) | 네코 | 401 |
| | | Barisienne | 3.5mm(6호) | | Nérine(진분홍색) | 네코 | 410 |
| 돼지들 | | Barisienne | 3.5mm(6호) | 3.0mm(5호) | Guimauve(분홍색), 주방장 | 엘리트 | 1002 |
| | | Barisienne | 3.5mm(6호) | | Réverie(연분홍색), 정육점 주인 | 엘리트 | 1024 |
| | | Barisienne | 3.5mm(6호) | | Nérine(진분홍색), 조리사 | 엘리트 | 1018 |
| 주방장 돼지 | | Barisienne | 3.5mm(6호) | 3.0mm(5호) | Igloo(흰색) | 엘리트 | 1001 |
| | | Barisienne | 3.5mm(6호) | | Réglisse(검은색) | 엘리트 | 1022 |
| 정육점 주인 돼지 | | Barisienne | 3.5mm(6호) | 3.0mm(5호) | Mélisse(아이보리색) | 엘리트 | 1001 |
| 조리사 돼지 | | Barisienne | 3.5mm(6호) | 3.0mm(5호) | Clapotis(하늘색) | 몽블랑 | 34 |
| 고기 | 넓적다리 | Norvége | 4mm(7호) | 3.0mm(5호) | Glaéon(크림색) | 네코 | 402 |
| | | Norvége | 4mm(7호) | | Rouet(베이지색) | 네코 | 425 |
| | | Norvége | 4mm(7호) | | Viking(적갈색) | 네코 | 414 |
| | 소시지 | Barisienne | 4mm(7호) | | Nérine(진분홍색) | 엘리트 | 1002 |
| | 로스트 비프 | Barisienne | 4mm(7호) | | Géranium(빨간색) | 네코 | 412 |
| | | Barisienne | 4mm(7호) | | Igloo(흰색) | 네코 | 401 |
| 토끼 | 토끼 | Barisienne | 3.5mm(6호) | 3.0mm(5호) | Mélisse(아이보리색) | 몽블랑 | 27 |
| | 옷과 바구니 | Barisienne | 3.5mm(6호) | 3.0mm(5호) | Guimauve(분홍색) | 몽블랑 | 5 |
| | 아이스크림 콘 | Norvége | 4mm(7호) | 3.0mm(5호) | Rouet(베이지색) | 몽블랑 | 18 |
| | | Barisienne | 3.5mm(6호) | | Tournesol(노란색) | 몽블랑 | 3 |
| 아기 토끼 | 아기 토끼 | Barisienne | 3.5mm(6호) | 3.0mm(5호) | Mélisse(아이보리색) | 몽블랑 | 27 |
| | | Barisienne | 3.5mm(6호) | | Guimauve(분홍색) | 몽블랑 | 5 |
| | 모자 | Barisienne | 3.5mm(6호) | 3.0mm(5호) | Guimauve(분홍색) | 몽블랑 | 5 |
| | 당근 모양 침낭 | Barisienne | 3.5mm(6호) | 3.5mm(6호) | Carotte(주황색) | 몽블랑 | 4 |
| | | Barisienne | 3.5mm(6호) | | Jardin(연두색) | 몽블랑 | 25 |
| 배낭 | | Barisienne | 3.5mm(6호) | 3.5mm(6호) | Géranium(빨간색) | 몽블랑 | 15 |

— 실 정보 제공, 니트러브(knitlove.co.kr)—

# 부록 대체 실 3

◆ 이 책의 저자가 작품을 만들 때 사용한 베르제르(Bergère de France) 실은 현재 우리나라에서 구할 수 없는 실입니다. 독자분들이 직접 실을 선택하기 편리하도록 대체 실을 아래와 같이 실었습니다. 대체 실로 떴을 경우 책과는 다소 차이가 있을 수 있습니다.

| 구분 | | Bergère de France 실 | | | | 대체 실 | |
|---|---|---|---|---|---|---|---|
| 작품명 | | 실 이름 | 코바늘 호수 | 실제 사용하는 코바늘 호수 | 색상 | 실 이름 | 색상 |
| 곰 | 곰 | Norvége | 4.0mm(7호) | 3.0mm(5호) | Duvet(베이지색) | 모헤어오팔로 | 928번 연연밤색 |
| | 상의, 반바지, 모자 | Barisienne | 3.5mm(6호) | 3.0mm(5호) | Jardin(연두색) | 보드란인형실 | 19번 연두 |
| | | Barisienne | 3.5mm(6호) | | Amazonie(초록색) | 보드란인형실 | 25번 그린 |
| | 구두 | Barisienne | 3.5mm(6호) | | Chicorée(갈색) | 보드란인형실 | 22번 코코아 |
| | 배낭 | Barisienne | 3.5mm(6호) | | Chétaigne(베이지색) | 보드란인형실 | 14번 베지밀 |
| 너구리 | 너구리 | Barisienne | 3.5mm(6호) | 3.0mm(5호) | Titane(연회색) | 보드란인형실 | 32번 베이지 |
| | | Barisienne | 3.5mm(6호) | | Réglisse(검은색) | 보드란인형실 | 02번 블랙 |
| | | Barisienne | 3.5mm(6호) | | Lgloo(흰색) | 보드란인형실 | 48번 흰색 |
| | 우주복 | Caline | 3.0mm(5호) | 3.0mm(5호) | Limaille(연회색) | 보드란인형실 | 20번 연그레이 |
| | | Barisienne | 3.5mm(6호) | | Vitrain(진회색) | 보드란인형실 | 40번 차콜진그레이 |
| | 스카프 | Barisienne | 3.5mm(6호) | | Géranium(빨간색) | 보드란인형실 | 03번 레드 |
| 여우 | 여우 | Barisienne | 3.5mm(6호) | 3.0mm(5호) | Orange(주황색) | 보드란인형실 | 36번 오렌지 |
| | | Barisienne | 3.5mm(6호) | | Mélisse(아이보리색) | 보드란인형실 | 01번 밀크 |
| | | Barisienne | 3.5mm(6호) | | Réglisse(검은색) | 보드란인형실 | 02번 블랙 |
| | 정장 | Barisienne | 3.5mm(6호) | 3.0mm(5호) | Tournesol(노란색) | 보드란인형실 | 05번 병아리 |
| | | Barisienne | 3.5mm(6호) | | Igloo(흰색) | 보드란인형실 | 48번 흰색 |
| | 구두 | Barisienne | 3.5mm(6호) | | Épice(갈색) | 보드란인형실 | 22번 코코아 |
| 순록 | 순록 | Norvége | 4mm(7호) | 3.0mm(5호) | Varech(연카키색) | 라세누 | 03번 흰털베이지 |
| | | Norvége | 4mm(7호) | | Sapiniére(진카키색) | 라세누 | 06번 흰털카키 |
| | | Norvége | 4mm(7호) | | Rouet(베이지색) | 라세누 | 02번 흰털실버 |
| | 상의 | Idéal | 3.5mm(6호) | 3.0mm(5호) | Calanque(파란색) | 보드란인형실 | 09번 아쿠아 |
| | | Barisienne | 3.5mm(6호) | | Igloo(흰색) | 보드란인형실 | 48번 흰색 |
| | 바지 | Barisienne | 3.5mm(6호) | | Marron(밤색) | 보드란인형실 | 27번 인디다크브라운 |
| | 구두 | Barisienne | 3.5mm(6호) | | Chétaigne(베이지색) | 보드란인형실 | 46번 은모래 |
| 늑대 | | Fourrure | 5.5mm(9호) | 5.5mm(9호) | Gris Clair(연회색) | 이사도라 | 507번 그레이 |
| | | Barisienne | 3.5mm(6호) | 3.0mm(5호) | Vitrain(진회색) | 실프캐시 | 22번 그레이 |
| 코알라 | 코알라 | Norvége | 4mm(7호) | 3.0mm(5호) | Source(회색) | 퐁퐁 | 44번 중그레이 |
| | | Barisienne | 3.5mm(6호) | | Réglisse(검은색) | 퐁퐁 | 50번 블랙 |

| | | | | | | | |
|---|---|---|---|---|---|---|---|
| 코알라 | 상의 | Barisienne | 3.5mm(6호) | 3.0mm(5호) | Méthyléne(옥색) | 퐁퐁 | 34번 맑은블루 |
| | | Barisienne | 3.5mm(6호) | | Mélisse(아이보리색) | 퐁퐁 | 03번 백아이보리 |
| | 바지 | Barisienne | 3.5mm(6호) | | Pilote(남색) | 퐁퐁 | 37번 진한곤색 |
| | 스카프 | Barisienne | 3.5mm(6호) | | Géranium(빨간색) | 퐁퐁 | 48번 레드 |
| | 부츠 | Barisienne | 3.5mm(6호) | | Tournesol(노란색) | 퐁퐁 | 04번 노랑 |
| | | Barisienne | 3.5mm(6호) | | Mélisse(아이보리색) | 퐁퐁 | 03번 백아이보리 |
| 판다 | 판다 | Norvége | 4mm(7호) | 3.0mm(5호) | Glaéon(크림색) | 퐁퐁 | 03번 백아이보리 |
| | | Barisienne | 3.5mm(6호) | | Réglisse(검은색) | 퐁퐁 | 50번 블랙 |
| | 원피스, 모자, 부츠 | Barisienne | 3.5mm(6호) | 3.0mm(5호) | Mélisse(아이보리색) | 퐁퐁 | 03번 백아이보리 |
| | | Barisienne | 3.5mm(6호) | | Nérine(진분홍색) | 퐁퐁 | 13번 핫핑크 |
| 돼지들 | | Barisienne | 3.5mm(6호) | 3.0mm(5호) | Guimauve(분홍색), 주방장 | 보드란인형실 | 11-1번 딸기우유핑크 |
| | | Barisienne | 3.5mm(6호) | | Réverie(연분홍색), 정육점 주인 | 보드란인형실 | 08번 복숭아 |
| | | Barisienne | 3.5mm(6호) | | Nérine(진분홍색), 조리사 | 보드란인형실 | 34번 피치핑크 |
| 주방장 돼지 | | Barisienne | 3.5mm(6호) | 3.0mm(5호) | Igloo(흰색) | 보드란인형실 | 48번 흰색 |
| | | Barisienne | 3.5mm(6호) | | Réglisse(검은색) | 보드란인형실 | 02번 블랙 |
| 정육점 주인 돼지 | | Barisienne | 3.5mm(6호) | 3.0mm(5호) | Mélisse(아이보리색) | 보드란인형실 | 01번 밀크 |
| 조리사 돼지 | | Barisienne | 3.5mm(6호) | 3.0mm(5호) | Clapotis(하늘색) | 보드란인형실 | 30번 베이비블루 |
| 고기 | 넓적다리 | Norvége | 4mm(7호) | 3.0mm(5호) | Glaéon(크림색) | 보드란인형실 | 01번 밀크 |
| | | Norvége | 4mm(7호) | | Rouet(베이지색) | 보드란인형실 | 14번 베지밀 |
| | | Norvége | 4mm(7호) | | Viking(적갈색) | 보드란인형실 | 03번 레드 |
| | 소시지 | Barisienne | 4mm(7호) | | Nérine(진분홍색) | 보드란인형실 | 34번 피치핑크 |
| | 로스트 비프 | Barisienne | 4mm(7호) | | Géranium(빨간색) | 보드란인형실 | 03번 레드 |
| | | Barisienne | 4mm(7호) | | Igloo(흰색) | 보드란인형실 | 48번 흰색 |
| 토끼 | 토끼 | Barisienne | 3.5mm(6호) | 3.0mm(5호) | Mélisse(아이보리색) | 퐁퐁 | 10번 누드살색 |
| | 옷과 바구니 | Barisienne | 3.5mm(6호) | 3.0mm(5호) | Guimauve(분홍색) | 퐁퐁 | 09번 연복숭아핑크 |
| | 아이스크림 콘 | Norvége | 4mm(7호) | 3.0mm(5호) | Rouet(베이지색) | 퐁퐁 | 38번 이쁜베이지 |
| | | Barisienne | 3.5mm(6호) | | Tournesol(노란색) | 퐁퐁 | 04번 노랑 |
| 아기 토끼 | 아기 토끼 | Barisienne | 3.5mm(6호) | 3.0mm(5호) | Mélisse(아이보리색) | 퐁퐁 | 10번 누드살색 |
| | | Barisienne | 3.5mm(6호) | | Guimauve(분홍색) | 퐁퐁 | 09번 연복숭아핑크 |
| | 모자 | Barisienne | 3.5mm(6호) | 3.0mm(5호) | Guimauve(분홍색) | 퐁퐁 | 09번 연복숭아핑크 |
| | 당근 모양 침낭 | Barisienne | 3.5mm(6호) | 3.5mm(6호) | Carotte(주황색) | 퐁퐁 | 30번 네온환타 |
| | | Barisienne | 3.5mm(6호) | | Jardin(연두색) | 퐁퐁 | 22번 잔디그린 |
| 배낭 | | Barisienne | 3.5mm(6호) | 3.5mm(6호) | Géranium(빨간색) | 퐁퐁 | 48번 레드 |

– 실 정보 제공. 앵콜스(www.ancalls.com)–

# 부록 대체 실 4

◆ 이 책의 저자가 작품을 만들 때 사용한 베르제르(Bergère de France) 실은 현재 우리나라에서 구할 수 없는 실입니다. 독자분들이 직접 실을 선택하기 편리하도록 대체 실을 아래와 같이 실었습니다. 대체 실로 떴을 경우 책과는 다소 차이가 있을 수 있습니다.

| 구분 | | Bergère de France 실 | | | | 대체 실 | |
|---|---|---|---|---|---|---|---|
| 작품명 | | 실 이름 | 코바늘 호수 | 실제 사용하는 코바늘 호수 | 색상 | 실 이름 | 색상 |
| 곰 | 곰 | Norvége | 4.0mm(7호) | 3.0mm(5호) | Duvet(베이지색) | – | – |
| | 상의, 반바지, 모자 | Barisienne | 3.5mm(6호) | 3.0mm(5호) | Jardin(연두색) | 하이소프트 | 23번 |
| | | Barisienne | 3.5mm(6호) | | Amazonie(초록색) | 하이소프트 | 56번 |
| | 구두 | Barisienne | 3.5mm(6호) | | Chicorée(갈색) | 렌코튼 | 2번 또는 3번 |
| | 배낭 | Barisienne | 3.5mm(6호) | | Chétaigne(베이지색) | 렌코튼 | 11번 |
| 너구리 | 너구리 | Barisienne | 3.5mm(6호) | 3.0mm(5호) | Titane(연회색) | 카버틴 | 5번 |
| | | Barisienne | 3.5mm(6호) | | Réglisse(검은색) | 렌코튼 | 6번 |
| | | Barisienne | 3.5mm(6호) | | Lgloo(흰색) | 카버틴 | 4번 |
| | 우주복 | Caline | 3.0mm(5호) | 3.0mm(5호) | Limaille(연회색) | 카버틴 | 5번 |
| | | Barisienne | 3.5mm(6호) | | Vitrain(진회색) | 렌코튼 | 7번 |
| | 스카프 | Barisienne | 3.5mm(6호) | | Géranium(빨간색) | 카버틴 | 20번 |
| 여우 | 여우 | Barisienne | 3.5mm(6호) | 3.0mm(5호) | Orange(주황색) | 카버틴 | 24번 |
| | | Barisienne | 3.5mm(6호) | | Mélisse(아이보리색) | 렌코튼 | 1번 |
| | | Barisienne | 3.5mm(6호) | | Réglisse(검은색) | 렌코튼 | 6번 |
| | 정장 | Barisienne | 3.5mm(6호) | 3.0mm(5호) | Tournesol(노란색) | 하이소프트 | 42번 |
| | | Barisienne | 3.5mm(6호) | | Igloo(흰색) | 카버틴 | 4번 |
| | 구두 | Barisienne | 3.5mm(6호) | | Épice(갈색) | 렌코튼 | 2번 또는 3번 |
| 순록 | 순록 | Norvége | 4mm(7호) | 3.0mm(5호) | Varech(연카키색) | 알비조 | 96번 |
| | | Norvége | 4mm(7호) | | Sapinière(진카키색) | 알비조 | 96번 |
| | | Norvége | 4mm(7호) | | Rouet(베이지색) | 알비조 | 114번 |
| | 상의 | Idéal | 3.5mm(6호) | 3.0mm(5호) | Calanque(파란색) | 카버틴 | 19번 |
| | | Barisienne | 3.5mm(6호) | | Igloo(흰색) | 카버틴 | 4번 |
| | 바지 | Barisienne | 3.5mm(6호) | | Marron(밤색) | 렌코튼 | 2번 또는 3번 |
| | 구두 | Barisienne | 3.5mm(6호) | | Chétaigne(베이지색) | 렌코튼 | 11번 |
| 늑대 | | Fourrure | 5.5mm(9호) | 5.5mm(9호) | Gris Clair(연회색) | 로니베베 | 24번 |
| | | Barisienne | 3.5mm(6호) | 3.0mm(5호) | Vitrain(진회색) | 렌코튼 | 7번 |
| 코알라 | 코알라 | Norvége | 4mm(7호) | 3.0mm(5호) | Source(회색) | 알비조 | 116번 |
| | | Barisienne | 3.5mm(6호) | | Réglisse(검은색) | 렌코튼 | 6번 |

| | | | | | | | |
|---|---|---|---|---|---|---|---|
| 코알라 | 상의 | Barisienne | 3.5mm(6호) | 3.0mm(5호) | Méthyléne(옥색) | 카버틴 | 18번 |
| | | Barisienne | 3.5mm(6호) | | Mélisse(아이보리색) | 렌코튼 | 32번 |
| | 바지 | Barisienne | 3.5mm(6호) | | Pilote(남색) | 렌코튼 | 5번 |
| | 스카프 | Barisienne | 3.5mm(6호) | | Géranium(빨간색) | 카버틴 | 20번 |
| | 부츠 | Barisienne | 3.5mm(6호) | | Tournesol(노란색) | 카버틴 | 23번 |
| | | Barisienne | 3.5mm(6호) | | Mélisse(아이보리색) | 렌코튼 | 32번 |
| 판다 | 판다 | Norvége | 4mm(7호) | 3.0mm(5호) | Glaéon(크림색) | 알비조 | 32번 |
| | | Barisienne | 3.5mm(6호) | | Réglisse(검은색) | 하이소프트 | 10번 |
| | 원피스, 모자, 부츠 | Barisienne | 3.5mm(6호) | 3.0mm(5호) | Mélisse(아이보리색) | 카버틴 | 26번 |
| | | Barisienne | 3.5mm(6호) | | Nérine(진분홍색) | 하이소프트 | 86번 |
| 돼지들 | | Barisienne | 3.5mm(6호) | 3.0mm(5호) | Guimauve(분홍색), 주방장 | 하이소프트 | 12번 |
| | | Barisienne | 3.5mm(6호) | | Rêverie(연분홍색), 정육점 주인 | 하이소프트 | 86번 |
| | | Barisienne | 3.5mm(6호) | | Nérine(진분홍색), 조리사 | 하이소프트 | 12번 |
| 주방장 돼지 | | Barisienne | 3.5mm(6호) | 3.0mm(5호) | Igloo(흰색) | 하이소프트 | 19번 |
| | | Barisienne | 3.5mm(6호) | | Réglisse(검은색) | 하이소프트 | 10번 |
| 정육점 주인 돼지 | | Barisienne | 3.5mm(6호) | 3.0mm(5호) | Mélisse(아이보리색) | 렌코튼 | 32번 |
| 조리사 돼지 | | Barisienne | 3.5mm(6호) | 3.0mm(5호) | Clapotis(하늘색) | 카버틴 | 1번 |
| 고기 | 넓적다리 | Norvége | 4mm(7호) | 3.0mm(5호) | Glaéon(크림색) | 알비조 | 32번 |
| | | Norvége | 4mm(7호) | | Rouet(베이지색) | 알비조 | 2번 |
| | | Norvége | 4mm(7호) | | Viking(적갈색) | 알비조 | 126번 |
| | 소시지 | Barisienne | 4mm(7호) | | Nérine(진분홍색) | 알비조 | 129번 |
| | 로스트 비프 | Barisienne | 4mm(7호) | | Géranium(빨간색) | – | – |
| | | Barisienne | 4mm(7호) | | Igloo(흰색) | – | – |
| 토끼 | 토끼 | Barisienne | 3.5mm(6호) | 3.0mm(5호) | Mélisse(아이보리색) | 렌코튼 | 32번 |
| | 옷과 바구니 | Barisienne | 3.5mm(6호) | 3.0mm(5호) | Guimauve(분홍색) | 카버틴 | 15번 |
| | 아이스크림 콘 | Norvége | 4mm(7호) | 3.0mm(5호) | Rouet(베이지색) | 알비조 | 114번 |
| | | Barisienne | 3.5mm(6호) | | Tournesol(노란색) | 카버틴 | 23번 |
| 아기 토끼 | 아기 토끼 | Barisienne | 3.5mm(6호) | 3.0mm(5호) | Mélisse(아이보리색) | 렌코튼 | 32번 |
| | | Barisienne | 3.5mm(6호) | | Guimauve(분홍색) | 카버틴 | 15번 |
| | 모자 | Barisienne | 3.5mm(6호) | 3.0mm(5호) | Guimauve(분홍색) | 카버틴 | 15번 |
| | 당근 모양 침낭 | Barisienne | 3.5mm(6호) | 3.5mm(6호) | Carotte(주황색) | 카버틴 | 24번 |
| | | Barisienne | 3.5mm(6호) | | Jardin(연두색) | 하이소프트 | 23번 |
| 배낭 | | Barisienne | 3.5mm(6호) | 3.5mm(6호) | Géranium(빨간색) | 하이소프트 | 69번 |

— 실 정보 제공. 바늘이야기(www.banul.co.kr)—

# 감사의 말 *Remerciements*

저에게 영감을 준 두 아들에게 감사를 전합니다. 제 아들 조르주는 아침마다 자명종을 대신해 큰 목소리로 저를 깨워주었지요.

저를 굳게 믿어준 어린 시절 친구 맥스에게도 감사를 전해요. 항상 친절한 브리짓트, 농담으로 나를 웃겨주는 베르나르, 채소샐러드를 만들어준 장루이, 수제 푸아그라를 만들어준 네네뜨, 저녁 내내 토론의 장을 열어준 피피, 어린 시절 친구 피피(다른 피피예요), 그리고 또 한 명의 피피(아 저도 알아요, 벌써 세 번째 피피라는 걸요)에게 감사를 전하고 싶어요.

매일 커피를 내려준 두두, 매년 제 텃밭을 가꿔준 장뤽에게도 감사해요. 특유의 말장난으로 저를 웃고 또 웃게 해준 셉에게도 감사를 표합니다.

반세기동안 코바늘 뜨개를 한 수수, 항상 제 옆에 있어 주는 나뜨, 그리고 저에게는 두 번째 엄마이자 제 아이들에게는 너무나 좋은 할머니인 마리에게도 감사를 전합니다.

저에게 감동을 주고 당황시키는 프랑스와, 최고의 스튜를 선사해준 영국인 이웃들, 마을 광장에서 나의 그림을 판매하는 장샤를, 저와 많은 것을 나누고 공모하는 사촌 파트리시아도 감사합니다. 저에게 친할머니의 자전거를 선물해준 필립에게도 감사를 전하고 싶어요. 저를 지켜주고 보호해주는 에르베에게도 감사하고 싶어요.

그리고 특히나 일하는 진정한 즐거움을 선사해 준 저의 편집자, 마릴리즈에게 큰 감사를 드리고 마지막으로 저를 믿어준 기욤 포에게도 감사를 전하고 싶습니다.

베르제르 드 프랑스사와 특히 조제프 켈러씨에게도 감사를 전합니다.

이자벨 케세지앙 (Isabelle Kessedjian)